Ludewig Brüel

Die Selbständigkeit der evangelisch-lutherischen Landeskirche Hannovers,

beraten auf der ersten Hannoverschen Landessynode

Ludewig Brüel

Die Selbständigkeit der evangelisch-lutherischen Landeskirche Hannovers, *beraten auf der ersten Hannoverschen Landessynode*

ISBN/EAN: 9783743317673

Hergestellt in Europa, USA, Kanada, Australien, Japan

Cover: Foto ©Lupo / pixelio.de

Manufactured and distributed by brebook publishing software (www.brebook.com)

Ludewig Brüel

Die Selbständigkeit der evangelisch-lutherischen Landeskirche Hannovers,

Die Selbständigkeit

der

evangelisch-lutherischen Landeskirche Hannovers,

berathen auf der ersten Hannoverschen Landessynode.

Von

Dr. L. A. Brüel,

vormal. General-Secretair des Hannov. Cultus-Ministeriums.

Hannover, im Januar 1870.

Helwing'sche Hofbuchhandlung.

(Theaterplatz 3, Ecke der Sophienstraße.)

Die erste Landessynode der evangelisch-lutherischen Kirche des vormaligen Königreichs Hannover, vom 3. November bis 13. December v. J. versammelt gewesen, hat die Frage der Selbständigkeit der von ihr vertretenen Kirche zu einem Hauptgegenstande ihrer Berathung und Beschlußfassung gemacht. Was sie darüber verhandelt hat, ist alsbald, sogar noch vor der endlichen Beschlußfassung, im Abgeordnetenhause zu Berlin unter dem Vorgange des reformirten Abgeordneten Miquel und des protestantenvereinlichen Abgeordneten von Bennigsen, das Ziel heftiger Angriffe und der Gegenstand einer fast allgemeinen Verurtheilung geworden; es ist in öffentlichen Blättern von den verschiedensten Seiten entstellt, verdächtigt, angefeindet. Die amtlichen Protokolle und Actenstücke der Synode aber reichen für sich allein nicht dazu aus, von dem Inhalte und der Bedeutung des Verhandelten ein vollständiges, leicht zu übersehendes und auch für ferner Stehende deutliches Bild zu gewähren. Ein solches zu zeichnen und vor Augen zu stellen, soll deshalb auf diesen Blätttern versucht werden.

Daß die zusammentretende erste Hannoversche Landessynode neben den wichtigen Vorlagen der Kirchenregierung, welche sie zu erwarten hatte, zu einem hauptsächlichen, vielleicht zum wichtigsten Gegenstande ihrer Verhandlungen die Frage nach dem Schutze und der Sicherung kirchlicher Unabhängigkeit und Selbständigkeit zu machen habe, darüber herrschte schon längere Zeit vor der Einberufung der Synode in allen kirchlichen Kreisen des vormaligen Königreichs Hannover ein verbreitetes, wenn auch zum Theil nur stillschweigendes Einverständniß. Der in der 2ten Sitzung der Synode von dem Verfasser gestellte Urantrag:

„Die Landessynode wolle die Frage in Verhandlung nehmen, ob etwas, eventuell, was von ihrer Seite gegenwärtig wahrzunehmen sei, um der evangelisch-lutherischen Kirche des Königreichs Hannover ihre Selbständigkeit zu sichern und zu wahren, und zur Vorbereitung der Berathung und Beschlußfassung über diesen Gegenstand zunächst einen Ausschuß niedersetzen mit der Aufgabe, den Gegenstand zu prüfen und danach speciellere Anträge bei der Synode einzubringen" —

dieser Antrag hatte daher auch nicht entfernt den Charakter eines nur persönlichen Anliegens, vielmehr lediglich die Bedeutung formeller Eröffnung der geschäftsordnungsmäßigen Bahnen für das Eingehen auf ein Gebiet, dessen Betretung durch die Synode als unvermeidlich und selbstverständlich in weiten Kreisen innerhalb wie außerhalb der Synode bereits erkannt war.

Der Antrag war absichtlich ganz allgemein gehalten; specielle Wünsche und Anliegen sollten nicht nach individuellen Ansichten in die Versammlung hineingetragen, sondern der Synode erst so vorgelegt werden, wie sie, von einem größeren Ausschusse geprüft und festgestellt, von vorn herein als der Ausdruck dessen vermuthet werden durften, was dem Urtheile und Willen der großen Mehrheit in der Synode entspreche. Die gleiche Rücksicht, verbunden mit dem Wunsche, vorzeitige erregtere Erörterungen der Synode möglichst zu ersparen, bestimmten den Antragsteller, bei Einbringung seines Antrags und vor dessen Prüfung im Ausschusse jeder eingehenderen Begründung und Erläuterung desselben in der Synode, welcher die wesentliche Bedeutung des Antrags ohnehin genügend bekannt war, sich zu enthalten. Leider wurde gleich Anfangs von der Gegenseite durch das sachlich unbegründete und zum Mindesten unnöthige, formell überdies nach der Geschäftsordnung völlig ungehörige Verlangen, den im Antrage gebrauchten klaren und ganz unverfänglichen Ausdruck „Kirche des Königreichs Hannover" durch die Worte „Kirche des **vormaligen Königreichs Hannover**" oder „Kirche der **Provinz Hannover**" zu ersetzen, die kirchliche Angelegenheit gewaltsam auf das politische Gebiet gedrängt und damit alsbald ein Vorspiel der mannigfachen Angriffe gegeben, mit denen politische Tendenzen die Anträge des Ausschusses und die Beschlüsse der Synode seitdem verfolgt haben.

Der gestellte Urantrag wurde von der Synode einstimmig an einen Ausschuß von 10 Mitgliedern, 5 geistlichen und 5 weltlichen, gewiesen. Gewählt zu Mitgliedern dieses Ausschusses wurden an Geistlichen: Superintendent Sievers, Superintendent Hüpeden, Consistorial-Rath Münchmeyer, Pastor Lohmann und Pastor Schaaf; an Weltlichen: Prof. Dove, Landesconsistorial-Präsident Lichtenberg, Landschafts-Rath v. d. Beck, Dr. med. Schomerus und der Antragsteller.

Der Ausschuß legte seine Anträge der Synode in deren 15ter Sitzung vor. Sie waren unter Zustimmung aller Mitglieder des Ausschusses, mit alleinigem Dissens des Professors Dove, beschlossen — die etwas abweichende Stellung des Pastors Schaaf zu den Anträgen wird unten noch näher zu besprechen sein — und gingen darauf hinaus, der Synode zu empfehlen, daß sie den Erlaß kirchengesetzlicher Bestimmungen über Zuständigkeiten der Kirchenregierung in der evangelisch-lutherischen Kirche des vormaligen Königreichs Hannover, wie sie vom Ausschusse in einem Entwurfe zusammengestellt waren, bei der Kirchenregierung beantrage, diesen Antrag noch durch einige begleitende Bitten und Bemerkungen erläutere und vervollständige, auch mit einer allgemein gehaltenen Motivirung, nach Art einer vom Ausschusse gleich vorläufig entworfenen und der Synode mitvorgelegten, begleite.

Die Synode unterzog diese Anträge ihres Ausschusses gründlicher — in der Hauptsache, nämlich so weit es um Zustimmung zur Erlassung kirchengesetzlicher Bestimmungen sich handelte, zweimaliger — Berathung und Beschlußfassung, wobei indeß ein Theil der Minorität, voran Professor Dove und Stadtdirector Rasch, von vorn herein charakteristische Stellung zur Sache nahmen, durch die in der einleitenden allgemeinen Berathung nach Begründung ihres Dissenses abgegebene Erklärung, an der speciellen Berathung nicht weiter sich betheiligen zu wollen. Das Ergebniß der Berathung und Beschlußfassung in der Synode war im Wesentlichen Annahme der Ausschußanträge ohne sachliche Aenderung bis auf einen, demnächst eingehender zu behandelnden Punkt. Hinsichtlich der Form wurde dabei jedoch, neben einigen Milderungen in der Fassung der „kirchengesetzlichen Bestimmungen", von der Synode beschlossen, die Anträge nicht auf dem gewöhnlichen Wege des Vortrags bei dem Landesconsistorium, sondern auf dem außerordentlichen Wege einer Adresse an des Königs Majestät einzubringen und in der dieser Adresse beizulegenden Denkschrift die zu beantragenden kirchengesetzlichen Bestimmungen, die denselben beizufügenden Bitten und die Motivirung zusammenzufassen. Es leitete dabei das Bestreben, ohne der Sache etwas zu vergeben, doch in der Form so mild und bescheiden als möglich aufzutreten.

Die erstmalige Abstimmung der Synode über das Ganze der Anträge war eine namentliche; sie ergab 45 Stimmen für die Anträge, 22 dagegen; unter letztern alle Stimmen der vom Könige ernannten Mitglieder, so weit sie anwesend waren (11). Bei der zweiten, nicht namentlichen, Schlußabstimmung war das Stimmverhältniß bis auf geringe, durch die Zufälligkeiten des Wechsels im augenblicklichen Personalbestande veranlaßte Abweichung dasselbe; nach Angabe des Protokolls waren jetzt 43 Stimmen für die Anträge. Die Gründe, mit denen Einzelne aus der Minorität ihr verneinendes Votum motivirten, bekundeten dazu noch, daß der Eine oder Andere nur an dieser oder jener Einzelnheit der Anträge Anstoß genommen hatte, während er im Uebrigen mit denselben einverstanden sich wußte.

Die beschlossene Adresse nebst Denkschrift sind hier zum Schlusse abgedruckt. In letzterer finden sich die erbetenen kirchengesetzlichen Bestimmungen, welche vom Ausschusse in einem besondern Entwurfe von 8 Paragraphen zusammengefaßt waren, getrennt an zwei verschiedenen Stellen, zuerst unter I—IV und dann unter V—IX. Neben den Nummern ist die frühere Paragraphen-Zahl in Klammern vermerkt, auch bei Nr. VI. S. 1. die einzige sachlich bedeutende Aenderung der Ausschußanträge durch Abdruck des geänderten Ausschußantrags unter dem Texte verdeutlicht.

Was die Synode mit ihren Anträgen erstrebt, ist — wie die Adresse es ausspricht — im Wesentlichen ein Doppeltes.

Zuerst: Die Beseitigung einer mit den Grundsätzen einer richtigen kirchlichen Verfassung nicht wohl vereinbaren und unter den gegenwärtigen Verhältnissen die Unabhängigkeit der lutherischen Kirche Hannovers gefährdenden kirchlichen Zuständigkeit des Cultus-Ministeriums.

Sodann: Die Aufrichtung gewisser Ordnungen, durch welche dem kirchlichen Urtheile, wie solches in den obersten Organen der Kirchengemeinschaft, namentlich dem Landesconsistorium und dem Ausschusse der Landessynode, sich bezeugt, ein angemessenes Feld freien Wirkens und die wünschenswerthe Berücksichtigung bei den eigenen Entschließungen des Landesherrn, als obersten Inhabers der Kirchengewalt, gesichert wird.

Die Lage der Dinge aber, bei welcher diese Anträge gestellt, die Erwägungen, welche zu ihnen hingeführt haben, sind in ihren Hauptzügen diese:

Die lutherische Kirche im vormaligen Königreich Hannover, von dessen nahe an 2 Millionen zählenden Einwohnern mehr als 82 pCt. Lutheraner sind, während die Zahl der Reformirten nur 5 pCt., die der Katholiken noch nicht voll 12 pCt. erreicht, bildete noch vor wenigen Jahren eine rechtlich nur unvollkommen geschlossene Einheit. Denn eine synodale Vertretung der Kirchengemeinden bestand überhaupt nicht und die Consistorien umfaßten mit ihrer Competenz ein jedes nur einen oder einige Landestheile. Der einigende Mittelpunkt lag daher allein im Landesherrn als oberstem Inhaber der Kirchengewalt und dem Cultusministerium, welches, nachdem unter dem Einflusse territorialistischer Anschauungen die Consistorien von der Stellung als Immediatbehörden mehr und mehr zur Stellung von Mittelbehörden herabgedrängt waren, thatsächlich in vielen Beziehungen die Bedeutung einer obersten kirchlichen Instanz gewonnen hatte. Das Verkehrte dieser Stellung des Cultusministeriums konnte aber nicht länger verkannt werden, als mit dem 4ten Jahrzehnt dieses Jahrhunderts das fast verloren gegangene kirchliche Bewußtsein nach und nach wieder zu erwachen anfing. Das Hannoversche Verfassungsrecht, welches den richtigen Grundsatz, daß die Kirchengewalt vom Könige entweder unmittelbar oder mittelbar durch Consistorialbehörden auszuüben sei, ausdrücklich anerkannte, ließ sich überdies mit der thatsächlich geübten Ministerialzuständigkeit nur durch die künstliche Aufstellung in Einklang bringen, daß der Cultusminister in Ausübung der Kirchengewalt als Vertreter des Königs an dessen Stelle handle, somit im Handeln des Ministers eine vom Könige unmittelbar erfolgende Uebung der Kirchengewalt zu befinden sei.

Indes, mochte man das formelle Recht mit einer solchen Aufstellung nothdürftig abfinden können, den sachlichen Anforderungen geschah damit kein Genüge. Der Plan, eine kirchliche Oberbehörde, Oberconsistorium oder Landesconsistorium, für das ganze Königreich einzurichten, schon vor länger als 30 Jahren ernstlich aufgenommen, dann aber vorläufig zurückgestellt, tauchte daher immer und immer wieder auf. Seit dem Jahre 1848 gesellte sich der andere Plan der Einführung kirchlicher Gemeindevertretung in Presbyterien oder Kirchenvorständen und Synoden hinzu, fand aber zunächst seine Verwirklichung nur durch staatsgesetzliche Einführung von Kirchenvorständen, deren Zuständigkeit auf das Gebiet der Vermögenssachen sich beschränkte. Man schwankte dann, ob mit der Errichtung einer obersten kirchlichen Centralbehörde oder mit der Einführung von Presbyterien und Synoden der Anfang zu machen sei. Der Katechismussturm im Jahre 1862 mit seinen Folgen setzte diesem Schwanken ein Ende, die Vorsynode wurde berufen und aus ihren Berathungen ging die Kirchenvorstands- und Synodalordnung für die evangelisch-lutherische Kirche des Königreichs Hannover hervor, welche am 9. October 1864 als Kirchengesetz erlassen und durch Staatsgesetz von demselben Tage mit der landesgesetzlichen Beistimmung, „so weit es deren bedarf", und unbeschadet auch ihrer weiteren Entwickelung bezw. Abänderung auf dem in ihr selbst vorgesehenen Wege der Kirchengesetzgebung, versehen wurde.

Die evangelisch-lutherische Kirche Hannovers, welche nach dieser Ordnung im Anschluß an die im Jahre 1848 eingeführten Kirchenvorstände neue kirchliche, auch mit presbyterialen Functionen bekleidete Kirchenvorstände, Bezirkssynoden und eine, mit dem **Rechte der Zustimmung im Gebiete der Kirchengesetzgebung bekleidete Landessynode** erhalten hat, ist damit ein einheitlich zusammengeschlossener Kirchenkörper geworden. Bekundet und vollendet wird dieser Zusammenschluß noch durch die, van der Synodalordnung (§. 57) bereits ausdrücklich geforderte und bei deren Bestimmungen über Zusammensetzung der Landessynode (§. 58 Nr. 2) und über Wirksamkeit des Landessynodalausschusses (§. 66 Nr. 2) vorausgesetzte Errichtung eines Landesconsistoriums mit der Stellung einer obersten Kirchenbehörde für die evangelisch-lutherische Kirche des ganzen Königreichs. Durch die in Ausführung der Synodalordnung ergangene Königliche Verordnung vom 17. April 1866 vorgesehen, ist diese Kirchenbehörde merkwürdiger Weise gerade noch am 16. Juni 1866 ins Leben getreten, dem letzten Tage, an welchem die Behörden zu Hannover der Unabhängigkeit sich erfreuten.

Es wird im Hannoverschen Lande wenige, des Laufs dieser Dinge kundige und ihrer Kirche von Herzen zugethane Lutheraner geben, welche, so besorgt sie in den kirchenfeindlichen Stürmen der Jahre 1862 und 1863 gewesen sein mögen, jetzt nicht dem Herrn der Kirche für die in jenen Stürmen ausgeborne Synodalordnung in Demuth dankten und Seine Gnadenhand verehrten, die nach 30jährigem erfolglosen Planen der Menschen noch am letzten Tage Hannoverscher Unabhängigkeit die lutherische Kirche dieses Landes mit einem werthvollen Geschenke bedacht hat. Denn, menschlich geurtheilt, würde ohne Synodalordnung und Landesconsistorium der Rechtsbestand einer eigenen lutherischen Kirche im Hannoverschen Lande schwerlich die politische Annexion überdauert haben.

Mit dem Danke aber verbindet sich eine Pflicht, die Pflicht, einzutreten für den Schutz und die Sicherheit der Güter, die unserer Bewahrung anvertraut geblieben sind.

In Uebung dieser Pflicht ist das Landesconsistorium schon gleich nach der Annexion des Landes vorangegangen, indem es an Se. Majestät den König von Preußen mit der Bitte sich gewandt hat, öffentlich aussprechen zu wollen, daß Se. Majestät gewillt seien, die evangelisch-lutherische Kirche Hannovers bei ihrem Bekenntnisse, bei ihrer öffentlich rechtlichen Stellung und bei ihrer Verfassung zu belassen und zu beschützen; und Allerhöchsten Orts ist dieser Bitte insofern entsprochen, als die Erwiederung Sr. Majestät vom 8. December 1866 bezeugt:

„Insonderheit bin Ich Mir bewußt, daß Ich das mit Meiner Krone verbundene Amt des obersten Kirchenregiments in der evangelischen Kirche auch für die evangelisch-lutherische Landeskirche Hannovers in dem Umfange, in welchem dasselbe von dem früheren Landesherrn wahrgenommen ist, so zu führen habe, daß es nicht zur Beunruhigung der Gewissen oder zur Störung guter kirchlicher Ordnungen, sondern zur Förderung und zum Bau des Reiches Gottes diene. Meine neuen Unterthanen dürfen daher vertrauen, daß sie unter Meinem

Scepter ruhig und in Frieden ihres Glaubens und Bekenntnisses leben werden und daß Ich die Ordnungen, welche erst vor wenigen Jahren als die Frucht schwerer Kämpfe für die evangelisch-lutherische Kirche in dem vormaligen Königreiche Haanover aufgerichtet worden sind, anerkennen und ehren und für ihre weitere Durchführung sorgen werde." Die fortdauernde Geltung des überkommenen kirchlichen Rechtsstandes hat damit erfreulicher Weise die öffentliche Anerkennung Sr. Majestät des Königs von Preußen gefunden und dem Danke, mit welchem die Kirche diese Allerhöchste Bekundung aufgenommen, hat auch die Landessynode in ihrer Adresse Ausdruck zu geben sich verbunden gefühlt. Allein ihrer vorerwähnten Pflicht kirchlicher Fürsorge ist sie hiemit noch nicht überhoben.

Ihre Aufmerksamkeit mußte dabei zunächst auf die Stellung des Landesconsistoriums sich wenden. Diese ist nach der Verordnung vom 17. April 1866 in der Hauptsache folgende:

Das Landesconsistorium hat eines Theils einen bestimmten Geschäftskreis, in welchem es die Stellung einer eigentlichen Instanz über den Provinzial-Consistorien einnimmt. Diesen Geschäftskreis bilden (§. 3 der Verordnung) die Angelegenheiten, welche Bekenntniß und Lehre der Kirche, Seelsorge, Cultus und Kirchenzucht, Vorbildung, Prüfung und Ordination für das geistliche Amt, Anstellung und Entlassung der Geistlichen (Superintendenten und General-Superintendenten eingeschlossen), deren Amtsführung, Fortbildung und Wandel betreffen. In diesen Angelegenheiten kann das Cultusministerium nur den Verfügungen des Landesconsistoriums Einhalt thun, eigene Anordnung ohne Einverständniß des Landesconsistoriums nicht treffen.

Das Landesconsistorium ist andern Theils noch zur Wahrnehmung der kirchlichen Interessen im Allgemeinen berufen und kann in diesem Berufe namentlich durch Erstattung von Gutachten, Erledigung von Aufträgen, Einbringung von Anträgen bei dem Cultusministerium oder dem Könige der Kirche dienen. Eine eigene Zuständigkeit der Anordnung und Verfügung hat dasselbe aber in andern, als den vorgenannten Angelegenheiten nicht. Die frühere Zuständigkeit des Cultusministeriums ist darin ungeändert geblieben.

Allgemein und mit Vorbehalt nur der eben erwähnten Beschränkung in einseitiger sachlicher Anordnung ist das Cultusministerium dem Landesconsistorium übergeordnet; allgemeine Anordnungen des Landesconsistoriums müssen vor der Erlassung dem Cultusministerium zur Einsicht vorgelegt werden und die erforderlichen landesherrlichen Entscheidungen werden durch Vermittelung des Cultusministeriums erwirkt. Bei dem, dem Könige zu erstattenden Vortrage des letztern sollen nur „je nach Umständen" der Präsident oder andere Mitglieder des Landesconsistoriums zugezogen werden; bislang ist dies ein einziges Mal geschehen.

Daß mit einer Stellung der neuen Kirchenbehörde, wie sie hier dargelegt ist, besondere Schwierigkeiten verbunden seien, war von vorn herein unverkennbar. Die mannichfachen Berührungspunkte auf der Scheidelinie des Competenzgebiets zwischen Cultusministerium und Landesconsistorium, die Eigenthümlichkeit des Verhältnisses des Landesconsistoriums als untergeordneter und doch sachlich relativ unabhängiger Behörde zum Cultusministerium ließen solche Schwierigkeiten leicht voraussehen. Ebensowenig war zu leugnen, daß der kirchlichen Anforderung, die Kirchengewalt auch in oberster Instanz, unter dem Landesherrn, von einer eigentlichen Kirchenbehörde geübt zu sehen, vollständig noch keineswegs genügt wurde. Denn dem Cultusministerium blieben neben den Zuständigkeiten der Staatsgewalt in Kirchenangelegenheiten (Kirchenhoheit) auch wichtige Theile der Kirchengewalt selbst, namentlich in Beziehung auf kirchliche Verfassung und Vermögensverwaltung.

Allein unter den alten Hannoverschen Verhältnissen durfte mit Grund gehofft werden, daß jene Schwierigkeiten durch harmonisches, gleichen Zielen zustrebendes Wirken beider Behörden und durch einen leichten, häufiger mündlichen Verkehr derselben mit einander — wie ein solcher auch in der Zeit des Fortbestandes des Hannoverschen Cultusministeriums und demnächst des Cultusdepartements zu Hannover in der That und mit bestem Erfolge bestanden hat — völlig gehoben oder doch erheblich gemindert werden könnten. Im übrigen aber war man sich klar bewußt, auf neuer Bahn nur einen ersten Schritt gethan zu haben, einen Schritt, der mit besonderer Vorsicht geschah und geschehen konnte. Denn man wollte auf jeden Fall vor der Gefahr, zu Rückschritten durch die Erfahrung gedrängt zu werden, gesichert sein. Man wünschte ferner, daß die neue Kirchenbehörde in ihren Beruf erst allmählich hineinwachse. Auch drohte unmittelbar von dem Hannoverschen Cultusministerium der Kirche keinerlei Gefahr; vielmehr konnten deren Interessen, so viel die äußern Angelegenheiten anlangt, vom Cultusministerium sogar in manchen Beziehungen, namentlich wegen der dieser Behörde zustehenden, nach Hannoverschem Verfassungsrechte ausgedehnteren kirchenhoheitlichen Befugnisse energischer wahrgenommen werden. Gleichwohl ließ sich voraussehen, daß auch bei unveränderter Fortdauer des früheren politischen Bestandes auf der Bahn der Entwickelung kirchlicher Selbständigkeit weitere Schritte, wenn auch ohne drängende Eile, hätten gethan, insbesondere die Competenz des Landesconsistoriums hätte erweitert, seine Stellung mehr gesichert werden müssen.

Mit den gewaltigen Aenderungen aber, welche die große politische Katastrophe vom Jahre 1866 in der kirchlichen Lage herbeigeführt hat, ist das Bedürfniß, die Selbständigkeit der Kirche zu schützen und zu vervollständigen, ein unmittelbares und unabweisliches geworden, zugleich auch die Berechtigung, eine Gewährung voller kirchlicher Selbständigkeit zu fordern, gewachsen.

Ueberblicken wir diese Aenderungen, so finden wir das Hannoversche Land einem großen Staate einverleibt, dessen Verfassungsurkunde zwar den Kirchen und Religionsgesellschaften Selbständigkeit zusagt, dessen evangelische Kirche aber, nachdem sie in den ersten Jahrzehnten dieses Jahrhunderts in dem Staate in einem Maße aufgegangen war, wie es in Hannover nie der Fall gewesen, noch immer, der Ausführung der Verfassungszusage harrend, ein nur kümmerliches Maß von Selbständigkeit besitzt. Je näher wir diesem Staate, seinen Einrichtungen, seiner Bevölkerung treten, desto mehr drängt sich uns die Ueberzeugung auf, daß in dessen einflußreichen Kreisen ein wahres, oder oft auch nur vermeintliches Staatsinteresse in Kopf und Herz meist die erste Stelle einnimmt, während die Kirche, wenigstens die evangelische, ohne allen Anstoß als die dienende Magd des Staats behandelt wird.

Der König, welcher sich zum Herrn des Hannoverschen Landes gemacht hat, theilt das Bekenntniß unserer evangelisch-lutherischen Kirche nicht. Er wird uns nach seiner Zusage die Union nicht aufzwingen. Daß aber Förderung und Wachsthum der Union seines Herzens Wunsch und Hoffnung ist, hat er wiederholt öffentlich bekundet und er entspricht damit nur der Tradition des Hohenzollernschen Hauses.

An die Stelle unsers Hannoverschen Cultusministeriums ist nach kurzem Uebergangszustande ein fernes und fremdes Cultusministerium in Berlin getreten, mit Angehörigen der unirten Preußischen Staatskirche besetzt. Hannoversche Elemente sind darin, von der Anstellung eines klösterlichen Subalternbeamten abgesehen, nicht aufgenommen. Wäre es aber auch geschehen oder würde es geschehen, so stände davon doch nach der ganzen Lage der Dinge für das Interesse der evangelisch-lutherischen Kirche Hannovers schwerlich etwas Wesentliches zu hoffen. Liebe zu dieser Kirche, Kenntniß ihrer Beamten, Einrichtungen und Bestrebungen, Einsicht in ihre Bedürfnisse sind damit in der Ministerial-Instanz naturgemäß gemindert, häufigere mündliche Berührungen mit dem Landesconsistorium unmöglich geworden. Das Landesconsistorium ist zu einer Provinzialbehörde herabgesunken, welche das Cultusministerium zu Berlin und seine Räthe tief unter sich erblicken, und in Folge dessen ist die materiell coordinirte Stellung, welche die Verordnung vom 17. April 1866 dem Landesconsistorium für gewisse Sachen neben dem Ministerium anweist, vor der durch die Verordnung ebenfalls begründeten formellen Unterordnung unter das Ministerium in Schatten getreten. Dazu ist der Einfluß des Cultusministeriums, der schon an sich wegen der ihm auch nach Errichtung des Landesconsistoriums verbliebenen kirchlichen Zuständigkeiten bedeutend war, beträchtlich durch den Umstand gewachsen, daß, während das Cultusministerium dem Ohre des Landesherrn nahe steht, das Landesconsistorium demselben fern gerückt ist. Nach Einzelnem, was in den Synodalausschüssen zur Sprache gekommen ist, scheint das letztere oft aus den Eröffnungen des Ministeriums über Königliche Entscheidungen nicht einmal klar ersehen zu können, ob und wiefern seine Anträge und deren Gründe Sr. Majestät dem Könige von Preußen bei dessen Entscheidungen vollständig vorgelegen haben.

Die Nachtheile und Gefahren, mit denen die neue Lage der Dinge die evangelisch-lutherische Kirche Hannovers bedroht, sind denn auch schon in den Erfahrungen weniger Jahre genügend hervorgetreten. Vieles und vielleicht nicht das Unwichtigste, was zum Belege dieser Behauptung dienen könnte, entzieht sich leicht begreiflicher Weise der öffentlichen Kritik.

Indes ist es doch möglich, aus dem zur öffentlichen Kunde Gelangten von den Tagen der Annexion bis zur neuesten Zeit herunter eine Reihe von Beispielen vorzuführen, welche, wenn auch das eine oder andere derselben für sich genommen unbedeutend genannt werden mag, doch in ihrer Gesammtheit wohl dazu sich eignen, die Züge erkennen zu lassen, welche die charakteristische Signatur der Zeit bilden.

Vorab mag hiebei nur ganz allgemein der mannigfach, so auch im Ausschusse der Synode und in der Synode selbst laut gewordenen und zum Theil eingehend ausgeführten Klagen über ungewöhnlich lange Verzögerung von Entscheidungen in der Ministerial-Instanz gedacht werden. Wenn, wie es scheint, das Cultusministerium in Berlin mit dem Zuwachse der Geschäfte aus den annectirten Ländern keine oder mindestens keine erheblichen, der beträchtlichen Mehrarbeit entsprechenden und der neuen Verhältnisse kundigen neuen Arbeitskräfte gewonnen hat, so müßte es freilich Wunder nehmen, wenn jene Klagen nicht begründet sein sollten.

Um aber auf Einzelnes überzugehen, so wollen wir mit der Ordnung der militär-kirchlichen Verhältnisse beginnen. Gleich bei der Eröffnung der Synode ist ihrer vom Königlichen Commissar Erwähnung gethan mit den Worten:

„Die durch die veränderte Gestaltung des Heerwesens bedingte Reorganisation der Militärgemeinden ist in einer Weise erfolgt, welche den Rechten der Landeskirche, wie der Gewissensfreiheit der Einzelnen die vollste Würdigung zu Theil werden läßt."

Ob und wiefern dies Urtheil richtig ist, mag im Folgenden sich zeigen.

Die evangelischen militär-kirchlichen Angelegenheiten im vormaligen Königreiche Hannover nämlich sind durch eine Königliche Verordnung vom 24. Juni 1867 geregelt. Nach derselben soll zur Wahrnehmung der evangelischen Militärseelsorge die erforderliche Zahl von Divisions- und Garnisonpredigern angestellt werden, welche ihr Amt nach der alt-preußischen Militärkirchenordnung vom Jahr 1832 (und den dazu später ergangenen ergänzenden oder abändernden Bestimmungen) führen. Zu den Militärkirchengemeinden aber gehören nach §. 38 der Militärkirchenordnung bekanntlich die betreffenden Militärs **ohne Unterschied der Confession** — nur hinsichtlich der Katholiken scheint dies später geändert zu sein — und die Militärprediger haben ihr Amt **vom Standpunkte einer Consensus-Union,** „**in Gemäßheit des kirchlichen Lehrbegriffs der evangelischen Confession**" nach unirter **Agende** (vgl. §§. 56 u. 57 der Mil.-Kirch.-Ordn.) zu verwalten. — Die bisherigen lutherischen Militärgemeinden im Hannoverschen Lande wurden aufgehoben, ein Theil ihrer Prediger länger als ein Jahr ohne alle Entschädigung für Verlust von Gehalt und Emolumenten des bekleideten Garnisonpredigerdienstes gelassen.

Als besonderes Zugeständniß an das confessionelle Bewußtsein bestimmte der §. 3 der Königlichen Verordnung:

„In Beziehung auf Beichte, Abendmahl, Einsegnung der Kinder und ihre Vorbereitung dazu bedarf es zur Verrichtung durch einen andern Geistlichen nach den Vorschriften der Militärkirchenordnung einer besondern Erlaubniß von Seiten des Militärgeistlichen nicht; eben so wenig zum Besuche des Gottesdienstes in andern Kirchen; für Taufen und Trauungen ist ein Erlaubnißschein des zuständigen Militärgeistlichen erforderlich, welcher jedoch auf Verlangen unentgeltlich ertheilt werden muß".

Endlich regelte noch der §. 5 der Königlichen Verordnung das Verhältniß von Civilgeistlichen, welche aushülfsweise, wo es an einem Militärprediger fehlt, commissarisch mit der Militärseelsorge betraut werden. Der Auftrag wird von der kirchlichen Bestallungsbehörde ertheilt, die Amtsverrichtungen des Geistlichen als Militärseelsorgers werden im Einklange mit den für sein geistliches Hauptamt bestehenden kirchlichen Ordnungen geregelt und der Geistliche bleibt in Ansehung seiner geistlichen Amtsverrichtungen in der Militairseelsorge seiner ordentlichen kirchlichen Aufsichtsbehörde untergeben.

So gern bei den vorstehenden Bestimmungen anerkannt werden mag, daß sie ernstlich dahin zielen, einen positiven Gewissensdruck abzuwenden, so würde doch freilich schon zur vollständigeren Erreichung dieses Zieles nöthig sein, daß dem Wunsche der Synode, welche mit dieser Angelegenheit noch besonders sich beschäftigt hat, entsprechend, die — zunächst nur für das Hannoversche Land getroffenen — Bestimmungen des oben angeführten §. 3 Ausdehnung auf die Garnisonorte der alten Provinzen erhielten, in welchen lutherische Hannoveraner eingestellt sind, und daß Fürsorge getroffen würde, diese Bestimmungen, deren unverkümmerte Wirksamkeit ohnehin durch die ganze militärische Ordnung immer sehr wird in Frage gestellt sein, den Betheiligten regelmäßig und ausreichend zur Kenntniß zu bringen.

Viel wichtiger aber für die Rücksichten, welche hier vorzugsweise interessiren, ist diese Erwägung: Mit den Annexionen sind dem Preußischen Staate Länder, darunter namentlich das Königreich Hannover, einverleibt, in welchen als öffentlich anerkannte Kirche eine evangelisch-lutherische Kirche mit Millionen von Angehörigen sich findet, deren Ordnung einer Zusammenfassung ihrer Angehörigen mit Unirten und Reformirten zu einer Kirchengemeinde und einer geistlichen Versorgung ihrer Angehörigen nach unirter Lehre und unirtem Ritus widerstreitet. Wird gleichwohl die (evangelische) Militärseelsorge durch ausschließliche Bildung unirter Militärkirchengemeinden und durch ausschließliche Anstellung solcher Militärgeistlichen, welche nach unirter Lehre und nach unirtem Ritus ihr Amt zu führen haben, ohne Beachtung jener kirchlichen Ordnung geregelt; wird namentlich durch die Militär-Kirchenordnung nicht wenigstens auch dahin gestrebt und dafür gesorgt, daß den, solchen evangelisch-lutherischen Landeskirchen angehörenden Mannschaften, wo dieselben in größeren Truppentheilen namhaft überwiegen, evangelisch-lutherische, der Ordnung ihrer Kirche verpflichtete und nach derselben das Amt führende Militärprediger, sonst aber, und wenn auch eine Versorgung durch lutherische Ortsgeistliche nicht thunlich ist, eine Bereisung durch Geistliche ihrer Confession in Gemäßheit des §. 58 der Militair-Kirchenordnung gewährt wird: so heißt das in Wahrheit nichts anderes, als auf diesem Gebiete die **evangelisch-lutherische Kirche von ihrer bisherigen öffentlich-rechtlichen Stellung als anerkannte Landeskirche herabdrücken zur Stellung einer Secte**. Denn Schutz gegen positiven Gewissensdruck haben auch die Anhänger einer Secte zu erwarten; die öffentliche Veranstaltung aber zur

Versorgung des kirchlichen Bedürfnisses für den evangelischen Theil geht, so wie sie hier getroffen ist, von der alleinigen Berechtigung des Unionsstandpunktes aus und dem gegenüber gewinnt das berechtigte Festhalten an dem Standpunkte einer evangelisch-lutherischen Landeskirche, in der That, wie der reformirte Abgeordnete Miquel im Abgeordnetenhause es bezeichnet, den Charakter „des Verlangens, sich gewisser Maßen als eine Art Separatsecte zu constituiren".

Mögen in Zeiten, wie die jetzigen sind, wo bei der großen Menge das kirchliche Bewußtsein unklar und schwach ist, von den betheiligten Gliedern der Confessions-Kirchen Viele durch die getroffenen Einrichtungen sich kaum geschädigt fühlen; die Ordnung und das Interesse der Kirchen selbst wird dadurch um nichts weniger, vielleicht nur um so mehr verletzt, da es gerade jetzt besonders Noth thäte, kirchlichen Sinn zu stärken, statt seiner Abschwächung Vorschub zu leisten.

Ein zweiter hier zu erwähnender Vorgang ist der Erlaß der Königlichen Verordnung vom 22. Januar 1867, eines in der Zeit der Dictatur, so viel ersichtlich oder sonst bekannt geworden, ohne allen Beirath Hannoverscher Kirchenbehörden ergangenen Staatsgesetzes, nach welchem für die Beamten, darunter auch die Geistlichen, ein neuer Diensteid vorgeschrieben wird. Der danach namentlich von den evangelischen Geistlichen zu leistende Eid ist ein wirklicher Diensteid, nicht etwa bloß ein Huldigungseid; er soll auch nach der ausdrücklichen Vorschrift des Gesetzes „an die Stelle aller nach den bisherigen Bestimmungen zu leistenden Huldigungs- und Diensteide" treten. Erwägt man nun, daß das Amt des Geistlichen ein Kirchenamt, kein Staatsamt ist, nichts desto weniger aber hier das Staatsgesetz einseitig den Diensteid normirt; erwägt man ferner, daß die durch das Gesetz einfach beseitigten bisherigen Diensteide bei Consistorialmitgliedern und bei einem Theile der Geistlichen auch rein kirchliche Verpflichtungen enthielten, so bietet der Erlaß dieses Gesetzes einen bedeutsamen Fingerzeig darüber, wie weit man im Preußischen Staate ungeachtet der verfassungsmäßig zugesagten Selbständigkeit der Kirchen, in kirchliches Bereich von Staatswegen einzugreifen sich berechtigt erachtet. Allerdings ist später auf Antrag des Landesconsistoriums unterm 1. Juli 1868 ein Allerhöchster Erlaß ergangen, welcher jenes Gesetz modificirend, den kirchlichen Rücksichten Rechnung trägt. Nichts desto weniger bleibt jener Vorgang hier der Erwähnung und Beachtung werth, da es nicht um Aufführung von Beschwerden, deren Abstellung begehrt wird, sondern um Vorführung von Zeichen, welche die kirchliche Lage charakterisiren, sich handelt.

Zu diesen Zeichen gehört auch Einiges, was mit dem Amte der Kirchenbuchführung zusammenhängt. Das Streben der Hannoverschen Regierung war schon seit länger als einem Jahrzehnt darauf gerichtet, den Geistlichen möglichst alle lästigen Dienste für Staatszwecke im Bereich der Kirchenbuchführung abzunehmen. Seitdem im Jahr 1852 eine Ablieferung von Duplicaten der Kirchenbücher an die Obrigkeiten eingeführt worden, ist den Geistlichen insbesondere die Anfertigung von Impflisten und statistischen Tabellen abgenommen und schon in den nächsten Jahren sollte, da die Obrigkeiten für die dann in das militärpflichtige Alter Eintretenden Duplicate der Geburtslisten im Besitze haben würden, auch die Anfertigung der Militärlisten ihnen abgenommen werden. Jetzt ergiebt ein Consistorialausschreiben aus jüngster Zeit, daß unter den neuen Verhältnissen nicht bloß die Hoffnung auf Abnahme der Anfertigung von Militärlisten sich nicht erfüllt, sondern daß die Ansprüche, welche dieserhalb an die Geistlichen gemacht werden, noch in mehreren Beziehungen beträchtlich gewachsen sind. Augenblicklich ist von ihnen sogar die Aufstellung von Militärlisten für 3 Jahrgänge auf einmal gefordert. Dazu haben sich die Anforderungen auf unentgeltliche Ausstellung von Kirchenbuchscheinen im Staatsinteresse — so der Geburtsscheine für Militärpflichtige — gemehrt. Insbesondere aber wird mit vollem Grunde über die neue Staatsdienstbarkeit geklagt, welche den Geist-

lichen mit der Last der periodischen Ausstellung von Erb-
schaftssteuer-Todtenlisten auferlegt ist. Bei der Anforderung des betreffenden neuen Gesetzes, „periodische Auszüge
aus den Todtenlisten" zu geben, ist man dabei nicht einmal
stehen geblieben, vielmehr weit — nach Zeitungsmittheilungen,
sogar über dasjenige hinaus, was in den alt-preußischen Provinzen gilt — darüber hinausgegangen, indem nach einer mit
Zustimmung auch des Cultusministers erlassenen Ministerial-
Bekanntmachung 11 Rubriken vorgeschriebener Tabellen von den
Pfarrern „nach demjenigen, was von ihnen über die bezüglichen
Punkte zu ermitteln ist", ausgefüllt werden sollen, Rubriken,
deren mehrere, z. B. ob ein Testament oder Erbvertrag vorhanden ist, welches die nächsten Verwandten sind, wo diese wohnen
u. s. w., mit Hülfe des in den Kirchenbüchern vorhandenen Ma-
terials entweder gar nicht oder nur selten und unvollständig
ausgefüllt werden können. Den Geistlichen ist damit nicht bloß
eine empfindliche neue Last für reine Staatszwecke auferlegt,
ihre geistliche Stellung und Wirksamkeit wird auch bedenklich
geschädigt und gefährdet, wenn sie, zumal in politisch erregter
Zeit, als aufspürende Gehülfen des Fiscalats zu wirksamer
Durchführung der Erhebung einer neuen Steuer den Pfarrkin-
dern sich erweisen müssen. — Der Trost, daß die Einführung
von Civilstandsregistern all diesen Belästigungen ein Ende machen
werde, will dabei zur Zeit wenig verschlagen und auch ein Hin-
weis darauf, daß die Geistlichen in ihrem Rechte sein würden,
wenn sie die über das Gesetz und über das Amt der Kirchenbuchführung hinausgehenden ministeriellen Anforderungen zu er-
füllen verweigerten, ist von wenig Belang. Jedenfalls berührt
beides nicht wesentlich das, worauf es hier allein ankommt,
nämlich, daß ersichtlich wird, welchen Grad von Schutz und
welche Rücksicht die geistlichen Interessen da, wo ihnen Interessen
des Staats gegenübertreten, bei der Regierung in Berlin zu
finden erwarten dürfen.

Die Angelegenheit der Berufung des unionistischen

Pfarrers Topf aus der alt-preußischen Provinz Sachsen auf eine lutherische Pfarrstelle zu Goslar ist bekannt genug und schon vielfach öffentlich besprochen. Sie wurde auf der Synode bei einleitender Begründung der Anträge, welche uns hier beschäftigen, in Erinnerung gebracht lediglich mit den beiden Bemerkungen, daß in dieser Sache die Competenz der Consistorialbehörde, über die canonische Qualification des anzustellenden Geistlichen allein zu entscheiden, vom Cultusministerium in Berlin bestritten sei, obwohl jene alleinige Competenz auf Grund des Verfassungssatzes: „Ueber die canonischen Eigenschaften des zu Bestätigenden entscheidet die geistliche Behörde allein", zu Hannoverscher Zeit von allen Seiten bis zum Könige hinauf anerkannt gewesen sei; und daß die Sache, welche in Folge des Ministerialeingreifens bereits seit 2 Jahren schwebe, noch immer ihrer Erledigung harre.

Wenn Professor Dove, der den Mittheilungen öffentlicher Blätter nach mit seiner abweichenden Auslegung des Verfassungssatzes unter 16 stimmenden ordentlichen und außerordentlichen Mitgliedern im Landesconsistorium seiner Zeit allein gestanden haben soll, auf der Synode gegenüber dieser Erwähnung der Topf'schen Angelegenheit sein Erstaunen darüber ausgedrückt hat, daß man ohne vollständige Kenntniß der Acten auf Grund von Zeitungsberichten urtheile, so hat er doch jene beiden, allein vorgebrachten, Bemerkungen nicht bestritten und bestreiten können. Wenn derselbe aber weiter — und zwar sonderbarer Weise, nachdem er so eben erklärt hat, die Zeitungsberichte über die Topf'sche Sache ließen auf einen Bruch des Amtsgeheimnisses schließen — selbst noch verschiedene, zum Theil gleich auf der Synode selbst von anderer Seite widerlegte, Einzelnheiten aus der Topf'schen Sache beigebracht hat, so würde es doch hier zu weit führen, sollte darauf näher eingehend eine gründliche Erörterung der Sache, so weit solche nach dem zu Gebote stehenden Material möglich ist, gegeben werden. Die meisten Leser dieser Blätter werden ohnehin nach den bereits ergangenen Veröffentlichungen ein Urtheil über die Sache sich gebildet haben und, wer dabei die Wahrheit aufrichtig gesucht hat, wird sie vermuthlich in der Hauptsache auch recht gut haben finden können, wenngleich er die Acten nicht vor sich gehabt hat. Sollte übrigens, wie verlautet, die ganze Sache noch an den Synodalausschuß gebracht werden, so würde damit vielleicht die von vielen Seiten gewünschte Gelegenheit geboten werden, vollständigere actenmäßige Veröffentlichungen zu erhalten.

Erwähnung verdient hier ferner die **erste Anstellung der neuen Regierung im Consistorialdienste**. Sie berief zum außerordentlichen Mitgliede des lutherischen Landesconsistoriums den Professor des Kirchenrechts Dove, der — wie er im 1sten Bande seiner Zeitschrift für Kirchenrecht S. 360 erklärt — „sich zur Union und zwar in dem Sinne bekennt, daß er dieselbe nicht bloß als die äußere Kirchengemeinschaft, sondern als die volle Gemeinschaft im Glauben und kirchlichen Leben faßt" und der deshalb mit gutem Grunde unter die „Männer des lutherischen Bekenntnisses" sich selbst nicht rechnet. Ob diese Berufung des Professors Dove mit seinem Zuthun, oder — wie er, auf die Hervorhebung dieses Vorganges erwiedernd, versichert hat — ohne sein Zuthun erfolgt ist, bleibt hier, wo es nicht etwa um einen persönlichen Vorwurf gegen ihn, sondern um das Verhalten der Regierung sich handelt, ohne alle Bedeutung. Allerdings aber hat der Professor Dove demnächst vor seinem wirklichen Eintritte in den Consistorialdienst dem Landesconsistorium eine Erklärung abgegeben, nach welcher letzteres die rechtliche Zulässigkeit der Berufung zu bestreiten nicht in der Lage war, und ebenso hat die Landessynode bei der Legitimationsprüfung anzuerkennen gehabt, daß der Professor Dove jetzt Mitglied der Hannoverschen lutherischen Landeskirche sei. Ist damit aber wirklich, wie man von gewisser Seite gemeint hat, die Bedeutung der Sache abgethan? Der reformirte Abgeordnete Miquel mag darauf antworten mit den Worten, die er am 30. November v. J. (stenographische Protokolle S. 859) im Abgeordnetenhause gesprochen: „Es hat der Herr Cultusminister die Möglichkeit genug, innerhalb der Gesetze ... darauf hinzuwirken, daß der Geist in diesen Behörden" (nämlich den Consistorien) „nicht ein solcher ist, wie ich ihn mir zu schildern erlaubte." Darin steckt eben die größte Gefahr, daß auch mit Innehaltung der Gränzen, welche das bestehende Recht für die Berufungen zu Consistorialämtern zieht, die Besetzungen doch in einer Weise erfolgen können, daß in den Kirchenbehörden eine Gesinnung zur Herrschaft gelangt, welche nicht auf Pflege der Confession, sondern auf Förderung der Union Herz und Sinn gerichtet hält, und grade diese Gefahr ist es, deren Bedeutung dieser ganze Vorgang uns vor Augen führt. Freilich liegt, was insbesondere den Professor Dove betrifft, jene Auslassung in der Zeitschrift an 10 Jahre zurück und es mag nach Aeußerungen auf der Synode anzunehmen stehen, daß der Professor Dove den damit bekundeten Standpunkt nicht mehr vollständig theilt. Immerhin hat derselbe weder vor seiner Berufung noch später jene Kundgebung öffentlich zurückgenommen und noch neuerlichst spricht er in seiner Zeitschrift (S. 187 des letzten Jahrgangs) eine politisch gefärbte Unionsgesinnung unverhohlen mit den Worten aus: „Heute, wo der Deutsche wieder ein Vaterland, einen Staat hat, sollten evangelische Deutsche nicht ihre ganze Kraft einsetzen, mitzubauen auch an einer Deutschen evangelischen Reichskirche, unserm Herrn zu Ehren?"

Im Wesentlichen dasselbe, was der Abgeordnete Miquel vom Cultusminister verlangte, begehrte vor einem Jahre bereits im Abgeordnetenhause zu Berlin der Abgeordnete Struckmann, indem er nicht einem gewaltsamen Aufdrängen der Union, vielmehr einem Verfahren das Wort redete, wonach Männer in die Consistorien berufen werden sollten, die geneigt wären, „allmählich die Geister und Gemüther für die Union heranzuziehen"; und zur Empfehlung eines solchen Verfahrens noch das politische Motiv hinzufügte, die Anhänger der „exclusiv lutherischen Richtung" seien zudem zu ihrem allergrößten Theile entschiedene Gegner der neuen Zustände und fänden ihre Unterstützung in den entschiedensten Gegnern des Preußischen Staats, in den erklärtesten Demokraten und Anhängern der Volkspartei.

Es ist nicht lange nach dieser Zeit gewesen, daß, glaubhaften Mittheilungen öffentlicher Blätter zufolge, wegen Wiederbesetzung der, noch immer unbesetzten, Stelle eines Generalsuperintendenten zu Hildesheim — eine Stelle, mit welcher zugleich das Amt eines Consistorialraths verbunden ist — Vorschlag vom Landesconsistorium gemacht und der vorgeschlagene Geistliche, vom Cultusminister zu einer Unterredung nach Berlin citirt, als er auf Befragen seine Uebereinstimmung mit dem Urtheile des Landesconsistoriums in der Topfschen Angelegenheit erklärt hatte, mit der Eröffnung entlassen sein soll, dann könne der Cultusminister ihn nicht brauchen.

Unwillkürlich lebt bei solchen Ereignissen die Erinnerung an die Klage auf, die Stahl in seiner bekannten Denkschrift darüber erhebt, daß namentlich bei der Besetzung der Aemter der ausschließlich unionistische Zweck verfolgt werde. Man fordert, sagt er, Unionsgesinnung und schließt dagegen „ausgezeichnete und verdienstvolle Männer der Landeskirche um ihrer lutherischen Gesinnung willen von dem Amte und der Laufbahn aus, zu welcher sie Gott nach Erweckung und Begabung berufen zu haben scheint." Die Klage Stahl's bezieht sich auf die unirte Preußische Staatskirche. Wie viel stärkeren Grund aber würde die lutherische Landeskirche Hannovers zur Klage haben, wenn bei Besetzung ihrer Behörden ähnliche Bahnen sollten verfolgt werden!

Die geringere Rücksicht, welche das jetzige Regiment in Berlin einer Vertretung der Interessen der Hannoverschen Kirche schenkt, spricht sich auch in der Art aus, wie dasselbe im Jahre 1868 die Eisenacher Kirchenconferenz beschickt hat. Die lutherische Landeskirche Hannover's war auf diesen Conferenzen bisher immer durch zwei Abgeordnete des Kirchenregiments, einen geistlichen und einen weltlichen, vertreten. Im Jahre 1868 wurde von Angehörigen der Hannoverschen Landeskirche allein der Professor Dove nach Eisenach abgeordnet, der, wenige Wochen vorher erst von Kiel nach Göttingen versetzt und grade eben zum außerordentlichen Mitgliede des Landesconsistoriums ernannt, als hinreichend vertraut mit den Interessen, Bedürfnissen und Bestrebungen der Hannoverschen Landeskirche nicht wohl gelten konnte. Mag immerhin, wie Professor Dove versichert, seine Abordnung durch persönliche Wünsche des Vorsitzenden der Conferenz veranlaßt sein. So wenig hiedurch, als durch das daneben von ihm hervorgehobene Moment, daß es sich in Eisenach um Vertreter der Kirchenregimente, nicht der Kirchen handele, wird etwas an der hervorgehobenen Bedeutung des eingeschlagenen Verfahrens geändert. Denn, wenn wirklich besonderer Anlaß gegeben war, auch den Professor Dove nach Eisenach zu senden, wurde denn dadurch ausgeschlossen, daneben mehrere oder mindestens einen, im kirchlichen Leben der Hannoverschen Landeskirche erfahrenen Abgeordneten abzusenden? Und was soll hier überhaupt die Betonung des Gegensatzes von Kirchenregiment und Kirche bedeuten? Hat denn die Abordnung von Vertretern der Kirchenregimente einen andern Zweck, als den, Verhältnisse, Bedürfnisse, Wünsche der Kirchen zu erörtern und zu berathen? Ein Recht freilich der Hannoverschen Kirche ist auch hier nicht verletzt — das behauptet Niemand —, ihren Interessen aber hat man auch bei dieser Gelegenheit in Berlin nicht die Beachtung geschenkt, deren sie zu Hannoverschen Zeiten sich zu erfreuen hatte, und mit gutem Grunde ist auf der Synode bezüglich eines solchen Verfahrens und gegenüber der vorgeworfenen Neigung sich zu isoliren erwiedert: Nicht wir isoliren uns, wir werden isolirt!

Ein anderer, das Berliner Kirchenregiment charakterisirender Vorgang ist die, eine alt-preußische Einrichtung auf Hannover übertragende Ministerialanordnung, nach welcher Preußische Militärehrenzeichen (darunter auch die im Kriege gegen Hannover erworbenen) verstorbener berechtigter Inhaber entweder in der Pfarrkirche oder in der Sakristei der Pfarrkirche, in deren Bezirk die Letzteren zur Zeit ihres Ablebens den Wohnsitz hatten, aufbewahrt werden sollen, befestigt an einer schwarzen Tafel, auf welcher neben den Ehrenzeichen die Namen der verstorbenen Besitzer oder die Nummern des die Namen enthaltenden Verzeichnisses sich finden. Ist es auch den Gegenvorstellungen unseres Landesconsistoriums gelungen, wenigstens eine vorläufige Zurücknahme dieser Maßregel zu erwirken, so bleibt die ergangene Anordnung um nichts weniger ein bedeutsames Zeichen des Geistes, in dem das Preußische Kirchenregiment geführt wird, und des Geistes einer Bevölkerung, in welcher dergleichen Einrichtungen ohne Anstoß zu erregen, bestehen. Von der politischen Seite der Anordnung und von der Frage nach der Berechtigung zu dem Erlasse mag hier abgesehen werden. Aber welches ist die Stellung einer Kirche zum Staate, die das von diesem belohnte kriegerische Verdienst auch ihrer Seits durch äußere Anerkennung zu ehren gehalten sein soll, ohne Rücksicht darauf, nicht bloß, daß überhaupt solche äußere Anerkennung löblichen Thuns ihren Grundanschauungen nicht entspricht, sondern auch daß sie, die allein auf die Gesinnung sehen soll und darf, damit selbst eine vor Gott verwerfliche Gesinnung zu ehren gezwungen sein kann, etwa die Eitelkeit, die Ehrsucht, den Tod verachtenden Lebensüberdruß, daß sie wohl gar einen Verächter des Wortes Gottes, den sie bei Lebzeiten von kirchlichen Ehrenrechten auszuschließen gehabt, nach seinem Tode so kirchliche Ehre erweisen muß?

Wenn möglich noch schärfer zeigt sich die Stellung, welche der Kirche und den kirchlichen Interessen gegenüber dem Staate und seinen Interessen von dem neuen Regimente angewiesen wird, in den verschiedenen, ohne vorgängigen Beirath unserer obersten Kirchenbehörde erlassenen Anordnungen über das allgemeine Kirchengebet.

Unmittelbar mit der Annexion des Hannoverschen Landes ergeht das Verbot, im Kirchengebete ferner für Se. Majestät den

König Georg V. und Allerhöchst dessen Familie zu beten. Nach kaum 14 Tagen folgt das Gebot, die Fürbitte für den neuen Landesherrn „in derselben Weise, wie es in den Preußischen Landen zur Zeit geschieht", in das allgemeine Kirchengebet aufzunehmen. Die betreffende, dabei im Ministerial=Rescripte mitgetheilte Fürbitte lautet in ihrem ersten Theile: „Vornehmlich laß deine „Gnade groß werden über den König unsern Herrn, über die „Königin, seine Gemahlin, über die Königin Wittwe, über den „Kronprinzen und seine Gemahlin, über sämmtliche Königliche „Prinzen und Prinzessinnen und Alle, die dem Königlichen „Hause anverwandt und zugethan sind." Schon eine solche detaillirte Aufzählung im Gebete für die neue Landesherrschaft mußte in Gemeinden, in welchen bisher eine viel allgemeiner gehaltene Fürbitte für die angestammte Landesherrschaft in Gebrauch gewesen, befremden. Noch größere Bedenken in den Hannoverschen Gemeinden zu erregen, war aber der 2te Theil der mitgetheilten Fürbitte geeignet. Denn dieser geht dahin, auch um lange Erhaltung der neuen Herrschaft zu bitten. Durfte man wirklich den christlichen Gemeinden Hannovers unmittelbar nach der auf Waffengewalt gestützten Annexion eine — heilige und berechtigte Gefühle treuer Pietät nicht achtende — Fürbitte dieses Inhalts ansinnen? Und stellte man nicht mit dem Ministerial-Rescripte in der That ein dahin gehendes Ansinnen, wenn man auch durch Hinzufügung der Bemerkung, der erste Theil der Fürbitte sei in den älteren Landestheilen bei allen Kirchen, evangelischen und katholischen, in regelmäßiger Uebung, der zweite theilweise nur facultative, bei den evangelischen, dem Landesconsistorium die Möglichkeit des Auswegs offen ließ, nur den Gebrauch des ersten Theils der Fürbitte unbedingt vorzuschreiben, den Gebrauch des zweiten aber dem Ermessen der Geistlichen anheimzustellen und damit vermuthlich zu bewirken, daß von diesem Theil, wenigstens fürerst, überhaupt kein Gebrauch gemacht wird? — Freilich ist es die Pflicht christlicher Gemeinden, Fürbitte zu thun für die Obrigkeit, die Gewalt über sie hat.

Aber daß ihnen die Erfüllung dieser Pflicht in Zeiten, wo sie ohnehin so schwer fallen muß, nicht noch durch die Formel der Fürbitte weiter erschwert, vielmehr durch die Fürsorge ihres Regiments nach Möglichkeit erleichtert werde, das möchte doch kein unbilliger Wunsch sein.

Wenige Wochen vergiengen, die Aufregung über die neue Gebetsformel hatte sich noch nicht gelegt, als eine Betheiligung Hannovers an der kirchlichen Feier des Friedens, welcher den Verlust Hannoverscher Selbständigkeit besiegelt hatte, befohlen wurde und, dem Befehle zu genügen, wenigstens ein für den Frieden dankender Passus in das allgemeine Kirchengebet aufgenommen werden mußte.

Es folgte der Befehl, für den Landtag in Berlin, für den Reichstag des norddeutschen Bundes und das Zollparlament je in der Zeit, während diese Körperschaften versammelt seien, bestimmt formulirte Fürbitten in das Kirchengebet aufzunehmen, ohne Rücksicht darauf, daß während der Unabhängigkeit Hannovers Aehnliches nicht stattgefunden und daß zur Zeit, wie es kaum anders sein konnte, der größte Theil der Hannoverschen Bevölkerung jene Institutionen als gewaltsam aufgezwungene mit Mißtrauen oder Gleichgültigkeit betrachtete.

Zu dem Allem kam dann zuletzt eine, in einer größeren Zahl von Denuntiationen sich bekundende Controle der Preußischen Landgendarmerie über die unmangelhafte Befolgung der den Predigern wegen des Kirchengebets ertheilten Vorschriften. Sie mochte dazu dienen, die politische Bedeutung, welche man den ertheilten Vorschriften beilegte, schärfer hervortreten zu lassen; ein der Kirche und ihren Dienern gewidmetes Interesse bekundet sie nicht.

Den Schluß der Einzelnheiten, die wir hier zur Signatur der kirchlichen Lage vorführen, mögen 3 Vorgänge aus neuster Zeit bilden: die Ernennung der Königlichen Abgeordneten zur Landessynode, die Anordnung eines außerordentlichen Bußtags auf den 10. Nov. v. J. und die Ankündigung des Schlusses der ordentlichen Versammlung der ersten Landessynode.

Zu den Mitgliedern der Landessynode gehören nach der Synodalordnung (§. 58) „12 vom Könige zu ernennende Mitglieder". Da dem Könige die Befugniß dieser Ernennung ohne Zweifel als dem Inhaber der Kirchengewalt zusteht, so bringt es die allgemeine kirchliche Ordnung mit sich, daß er bei Ausübung der Befugniß sich auch kirchlich berathen lasse. Eine gutachtliche Vernehmung des Landesconsistoriums, durch welche die Einziehung andern Beiraths keineswegs ausgeschlossen sein würde und sein sollte, erscheint dabei nach der Stellung desselben als oberster Kirchenbehörde schon an sich als natürlich gegeben. Unter den gegenwärtigen Verhältnissen aber, da das Landesconsistorium die gesammten Verhandlungen wegen Bildung und Berufung der Landessynode zu leiten gehabt hatte, und da das Cultusministerium mit Personen und Verhältnissen der neuen Provinz noch wenig vertraut war, mußte sie vollends als unumgänglich erkannt werden. Gleichwohl ist die Auswahl der vom Könige ernannten Mitglieder ohne jegliche Betheiligung des Landesconsistoriums oder nur seines Präsidenten erfolgt, anscheinend auf Vorschlag des Cultusministers, nachdem derselbe bei den, mit einer einzigen Ausnahme alt-preußischen, Chefs der politischen Oberbehörden oder sonstigen alt-preußischen Beamten zuvor Rath eingeholt. Ein die Interessen und Bedürfnisse der evangelisch-lutherischen Kirche unpartheiisch und vollständig würdigender Beirath wird aber auf diesem Wege schwerlich haben gewonnen werden können. Denn die politischen Behörden und Beamten stehen schon der Regel nach den kirchlichen Dingen zu fern; vollends aber hier in dem eroberten Lande bleiben, wie jeder Kundige weiß, die alt-preußischen Beamten noch oft außen vor den Verhältnissen und ihrem eigentlichen Leben stehen, und am allermeisten vielleicht in kirchlichen Dingen, da der Geist der Union, den sie mitbringen, mit dem lutherischen Geiste, den sie vorfinden, nicht leicht sich zu verständigen weiß. Ist unter diesen Umständen bei der Auswahl, wie es scheint, auf politische Stellung vorwiegend das Augenmerk gerichtet gewesen, hat die

Volksschule dabei nicht die Berücksichtigung gefunden, welche sie nach den betreffenden Verhandlungen der Vorsynode wohl hätte erwarten können, sind endlich die Provinzial-Consistorien durch Königliche Abordnung einiger ihrer Mitglieder zur Synode bei deren Verhandlungen nicht so betheiligt, wie es im Interesse sowohl der Synode als der Provinzial-Consistorien zu wünschen gewesen wäre, so ist das freilich nach der Art des eingeschlagenen Verfahrens erklärlich; gewiß aber steht zu wünschen, daß künftig ein die kirchlichen Interessen besser sicherndes Verfahren möge eingeschlagen werden.

Mit dem außerordentlichen Bußtage hat es die Bewandniß, daß ein solcher ohne jede vorgängige Berathung mit dem Landesconsistorium durch Königliche Ordre wie für alle evangelischen Kirchen der alt-preußischen Provinzen, so auch für die lutherische Kirche Hannovers auf den 10. November v. J. angeordnet ist. Ob bei der Allerhöchsten Entschließung die in Betracht kommenden Hannoverschen Verhältnisse vorgelegen haben, ob namentlich bekannt gewesen, daß im größten Theile des Hannoverschen die regelmäßigen jährlichen Bußtage in dasselbe Quartal mit dem außerordentlichen Bußtage, nämlich auf den 20. October und 15. December, fielen, in Ostfriesland der ordentliche Bußtag sogar nur 8 Tage nach dem außerordentlichen zu feiern gewesen wäre, daß ferner, während allerdings in den östlichen alt-preußischen Provinzen die Provinzialsynoden ihre Thätigkeit erst nach dem außerordentlichen Bußtage zu beginnen hatten, in Hannover die mit feierlichem Gottesdienste so eben erst eröffnete Landessynode durch den Bußtag in ihrer kaum begonnenen Wirksamkeit unterbrochen wurde, muß dahin gestellt bleiben. Auch ist es nicht die Frage nach der sachlichen Angemessenheit der einzelnen außerordentlichen Anordnung, welche besonders interessirt; vielmehr das gewichtige Bedenken, welches gegen ein Vorgehen mit einseitiger landesherrlicher Anordnung ohne vorgängiges Gutachten der obersten Kirchenbehörde, deren besonderer Geschäftskreis grade das in Frage kommende Gebiet mitumfaßt und bei welcher allein im gegebenen Falle auch ausreichende Sachkunde vorauszusetzen war, zu erheben ist. Eine Nichtigkeit der ergangenen landesherrlichen Anordnung ist freilich um jenes Mangels consistorialen Beiraths willen nicht zu behaupten. Auch ist dieselbe an die Form eines Kirchengesetzes, die allerdings (wie selbst Prof. Dove auf der Synode ausdrücklich anerkannt hat) bei Anordnung regelmäßig wiederkehrender Bußtage zu beobachten sein würde, nicht gebunden. Dem geltend gemachten Bedenken wird hiedurch indes von seiner Kraft nicht das Mindeste benommen.

Anlangend endlich die oben erwähnte Ankündigung des Schlusses der Landessynode, so wurde diese in ihrer Abendsitzung am Donnerstag den 9. Dec. durch ein Schreiben des Vertreters des Ober-Präsidenten, welcher letztere als Königlicher Commissar die Synode zu eröffnen und zu schließen hatte, überrascht, des Inhalts, daß Se. Majestät der König den Schluß der Landessynode auf Montag den 13. Dec. bestimmt habe. Die Synode stand noch mitten in ihren wichtigsten Arbeiten; sie hatte allerdings gehofft, diese vor dem Weihnachtsfeste erledigen zu können, war aber sehr zweifelhaft, ob es ihr, wenn auch die Commissionsarbeiten wesentlich gefördert waren, möglich sein würde, bis zu dem nun plötzlich gesetzten nahen Termine auch nur das Nöthigste zu erledigen. Die Synodalmitglieder vermochten sich daher auch die unerwartete Eröffnung nur als ein Zeichen des Allerhöchsten Mißfallens über das bisherige Verhalten der Synode zu erklären und konnten in dieser Auffassung durch die Bezeugung des Präsidenten des Landesconsistoriums, daß er sowohl, als das Landesconsistorium von der eröffneten Allerhöchsten Verfügung oder der Absicht, solche zu erlassen, frühere Kunde nicht gehabt habe, nur bestärkt werden. Inzwischen suchte die Synode, und nicht ohne Erfolg, mit äußerster Anstrengung der Arbeitskraft und strengstem Maßhalten im Reden, das Wichtigste und Nothwendigste auch in der ihr verbliebenen kurzen Zeit noch zu erledigen. Nachträgliche officiöse Erläuterungen aber lassen annehmen, daß die Kundgebung eines Allerhöchsten Mißfallens gar nicht beabsichtigt gewesen ist, daß der Cultusminister vielmehr durch vorläufige, vor Beginn der Synode vom Landesconsistorium gemachte Aeußerungen über die muthmaßliche Dauer der Synodalverhandlungen, ohne später weitere Erkundigung an zuständiger Stelle, namentlich beim Landesconsistorium, dessen Präsidenten oder dem Präsidenten der Synode über den Stand der Synodalarbeiten einzuziehen, sich für genügend instruirt gehalten hat, um bei Sr. Majestät dem Könige die Bestimmung des Schlusses der Synode auf den 13. zu beantragen und daß dann das den Schluß verfügende Rescript d. d. 4. Dec. im bedächtigen Geschäftsgange Zeit bis zum 9. gebraucht hat, und hier anzukommen. Verliert damit das inne=gehaltene Verfahren freilich nach der einen Seite, die zuerst her=vortrat, den auffallenden Charakter, so gewinnt es doch nach anderer Seite eine neue und nicht zu unterschätzende Bedeutung. Es zeigt mit großer Deutlichkeit den Grad der Rücksichtnahme, welche eine Hannoversche Landessynode vom Cultusminister in Berlin im normalen Preußischen Geschäftsgange zu gewärtigen hat.

Die unerquickliche Vorführung von Einzelheiten mag hiemit geendet sein. Sie hat hier so wenig, wie in den betreffenden Ver=handlungen der Synode — das muß an dieser Stelle nochmals betont werden — die Bedeutung, Beschwerdepunkte, in denen Ab=hülfe begehrt würde, zu formuliren. Ihr Zweck ist lediglich, durch Beibringung charakteristischer, wenn auch zum Theil vielleicht für sich geringfügiger Züge das Bild unserer kirchlichen Lage deutlich und namentlich auch für ferner Stehende erkennbar zu machen.

Daß es aber eine für die Unabhängigkeit und Selbständig=keit der evangelisch=lutherischen Kirche des Hannoverschen Landes gefährliche und bedrohliche Lage ist, in der wir uns befinden, das wird kein Unbefangener nach dem Dargelegten läugnen können; und die Synode handelte deshalb nicht aus menschlichem Fürwitz, sondern nur in Erfüllung heiliger Pflicht, wenn sie die Maßregeln und Einrichtungen in Erwägung nahm, welche der

Kirche ein unabhängiges Regiment zu sichern als geeignet sich erweisen könnten, ein Regiment, das, um die Worte des Synodalgelöbnisses zu gebrauchen, „in Treue gegen den Glauben der evangelisch-lutherischen Kirche" nur „danach trachtet, daß die Kirche wachse" und daher den selbständigen Bestand und das eigene Leben unserer lutherischen Kirche namentlich vor einer Beherrschung durch das Staatsinteresse und einer, damit Hand in Hand gehenden Untergrabung durch unionistische Tendenz schützt.

Der Anspruch auf unabhängiges, der eigenen Ordnung entsprechendes und den eigenen Zwecken dienendes Regiment ist für jede Kirche ein solcher, den sie schon vermöge seiner inneren Berechtigung allein zur Geltung zu bringen suchen muß, auch wo positives Gesetz ihn nicht unterstützt und selbst wo positives Gesetz ihm entgegensteht.

Findet er im positiven Gesetz Anerkennung und Stütze, so ist das freilich um so besser.

Der Art. 15 der Verfassungsurkunde für den Preußischen Staat:

„Die evangelische und die römisch-katholische Kirche, so"
„wie jede andere Religionsgesellschaft, ordnet und verwaltet"
„ihre Angelegenheiten selbständig und bleibt im Besitze und"
„Genusse der für ihre Cultus-, Unterrichts- und Wohlthätig-"
„keitszwecke bestimmten Anstalten, Stiftungen und Fonds,"
bietet solche Anerkennung und Stütze.

Inzwischen fehlt es nicht an Versuchen, diesen Artikel so aus- und umzudeuten, daß er den Ansprüchen unserer Kirche nicht zu gute kommt.

Schon vor einem Jahre hat im Abgeordnetenhause zu Berlin der Abgeordnete Twesten einen solchen Versuch gemacht. Da der Artikel 16 eine einheitliche evangelische Landeskirche in Preußen voraussetze — meinte dieser Abgeordnete —, so widerspreche es demselben, eine Mehrzahl evangelischer Landeskirchen herzustellen. Nur mittelst Eingliederung in die einheitliche evangelische, d. i. unirte Preußische Landeskirche soll nach dieser Ansicht unsere Hannoversche Landeskirche Selbständigkeit erlangen können. In Wahrheit heißt das aber, sie soll ihre Selbständigkeit aufgeben und mit diesem Verluste, unter dem für sie leeren Namen kirchlicher Selbständigkeit, Fremdherrschaft erkaufen. So weit also geht hier die Kühnheit der Auslegung, daß man dieselbe Gesetzesnorm, welche kirchliche Selbständigkeit zu verleihen und zu sichern bestimmt ist, dazu mißbrauchen will, kirchliche Selbständigkeit zu nehmen und zu zerstören. — Mit bestem Grunde trat schon der Cultusminister den Twesten'schen Ausführungen entgegen und machte namentlich für Hannover die Pflicht der Regierung geltend, die vorgefundene Selbständigkeit der Hannoverschen Kirche anzuerkennen und durchzuführen.

In der That liegt auch die Sache so: Die evangelisch-lutherische Landeskirche Hannovers bildet, wie die obigen geschichtlichen Ausführungen ergeben haben, vornehmlich kraft ihrer legislativen Landessynode und der auf Grund der Synodalordnung eingerichteten obersten Kirchenbehörde, einen besondern, kirchengesetzlich wie staatsgesetzlich anerkannten Kirchenkörper, der, rechtlich angesehen, mit der evangelischen Preußischen Staatskirche keine andere Verbindung hat, als die durch Identität des obersten Inhabers der Kirchengewalt gegebene, eine Verbindung, welche durchaus derjenigen der Personalunion auf staatlichem Gebiete entspricht und keineswegs den Charakter gliedlicher, organischer Zusammengehörigkeit an sich trägt. Treten wir nun mit Festhaltung dieser richtigen Voraussetzung vor den Art. 15, so werden wir mit Nothwendigkeit vor die Alternative gestellt:

Entweder der im Art. 15 gebrauchte Ausdruck „die evangelische Kirche" ist in dem Sinne zu verstehen, daß darunter nicht bloß die unirte Preußische Staatskirche, sondern jede Kirche, welche im Gebiete des Preußischen Staates als eine „evangelische" bezeichnet werden muß, sei es eine evangelisch-unirte, eine evangelisch-lutherische oder evangelisch-reformirte, zu verstehen ist, unbeschadet einer individuellen Besonderheit und Geschlossenheit jeder dieser Kirchen, ähnlich wie auch im Hannoverschen Verfassungsgesetze der Ausdruck „die evangelische Kirche" gebraucht war, ohne damit dem besondern Bestande und der weiteren Entwickelung individueller Selbständigkeit der lutherischen beziehungsweise reformirten Kirche irgend zu nahe zu treten. Dann hat eben so gut wie die evangelische Preußische Staatskirche die lutherische Hannoversche Landeskirche einen staatsverfassungsmäßigen Anspruch auf Selbständigkeit aus dem Satze des Art. 15, der der evangelischen Kirche die Selbständigkeit garantirt, herzuleiten, ohne der Anforderung auf vorgängige Eingliederung in den Organismus der evangelischen Preußischen Staatskirche ausgesetzt zu sein.

Oder aber der Art. 15 versteht unter „der evangelischen Kirche" nur eine solche Religionsgesellschaft, welche gliedlich zum Organismus der evangelischen Preußischen Staatskirche gehört. Dann fällt die lutherische Hannoversche Landeskirche nicht unter dasjenige, was der Art. 15 von „der evangelischen Kirche" bestimmt. Sie gehört dann im Sinne des Art. 15 zu den „andern Religionsgesellschaften", welche neben der evangelischen und römisch-katholischen Kirche sich finden. Als solche aber empfängt sie von der Verfassung die gleiche Zusage der Selbständigkeit.

Freilich hat man von der Gegenseite freundlich davor gewarnt, doch nicht die lutherische Kirche mit „Dissidenten und Juden" unter „die andern Religionsgesellschaften" zusammenzustellen, und dabei darauf hingewiesen, daß nach den Vorverhandlungen zum Art. 15 die namentliche Nennung der evangelischen und katholischen Kirche zu dem Zweck geschehen sei, um die staatsrechtlich ausgezeichnete Stellung dieser beiden Religionsgesellschaften zu bekunden. Indes wird es wohlgethan sein, durch solche Worte sich weder schrecken, noch locken zu lassen. Die Zusammenfassung unter ein Wort schadet in der Sache Nichts. Ob jene Vorverhandlungen bei der juristischen Auslegung des Art. 15 überhaupt großen Werth haben, mag dahin gestellt bleiben. Jedenfalls sind sie nicht danach angethan, unserer lutherischen

Landeskirche, auch wenn dieselbe zu den „andern Religionsgesellschaften" im Sinne des Art. 15 gerechnet wird, von ihrer öffentlich-rechtlichen Stellung etwas zu nehmen, einer Stellung, welche sie im Laufe der Geschichte rechtmäßig, nicht erst auf Grund des Art. 15, erworben hat und in welcher sie auch von Sr. Majestät dem Könige von Preußen, nach dem was oben erzählt ist, ausdrücklich sich anerkannt sieht. — Die größten Bedenken würde es dagegen haben, die Thür sich zu verschließen, welche zu der Möglichkeit der dargelegten zweiten Auslegung des Art. 15 hinführt. Wäre sie verschlossen, so möchte vielleicht der eine oder andere der guten Freunde, die jetzt so rücksichtsvoll warnen, zurückkommen und dann seiner Seits — nunmehr in viel günstigerer Lage — die Iwesten'sche Anforderung auf Eingliederung der lutherischen Kirche Hannovers in die evangelische Preußische Staatskirche erneuern.

Ein anderer Versuch, den Ansprüchen auf kirchliche Selbständigkeit die Stütze des Art. 15 zu entziehen, ist erst neuerlich im Abgeordnetenhause zu Berlin gemacht, namentlich von Seiten der Abgeordneten Miquel und Richter. Der erstere sagt in dieser Beziehung, indem er, was wohl beachtet zu werden verdient, zuvörderst, freilich nach seiner Weise, Zeugniß für die Berechtigung der Synodalanträge giebt, insbesondere in der Sitzung vom 27. November vor. Jahrs nach den stenographischen Protokollen (S. 844) wörtlich:

„Das Bestreben der Lutheraner in Hannover, sich gewissermaßen als eine Privatsecte zu constituiren — dies Streben wäre gerechtfertigt, wäre, sage ich, völlig gerechtfertigt, wenn die Herren nur die Güte hätten, die Consequenzen daraus zu ziehen; aber in einem Athem fordern sie die Herrschaft über die Seminarien, über die ganze Bildung der Lehrer, sie fordern in gleichem Athem die Herrschaft über die Schüler, über unsere Jugend — das kann und darf der Staat niemals einräumen. Und so lange der Staat nicht hat, was sein ist, so lange nicht dem Kaiser wird, was des Kaisers ist, kann auch der Kirche nicht werden, was der

Kirche ist. Sie müssen uns geben, was wir bedürfen, dann wollen wir ihnen geben, was sie bedürfen. Die Kirche kann nur frei werden, wenn die Schule frei ist; Trennung des Staats und der Kirche und Trennung der Schule und Kirche sind identische Begriffe."

Aehnlich spricht sich in der Sitzung vom 30. November v. J. der Abgeordnete Richter aus Sangerhausen aus (stenogr. Prot. S. 863): „So lange Sie" (nämlich „die Sie glauben, die katholische Kirche in Preußen zu vertreten") „nicht die Verfassung im Ganzen anerkennen, so lange haben Sie gar keinen Anspruch auf Art. 15. Unsere Verfassung bestimmt auch, wie es mit dem Volksschulwesen soll gehalten werden, daß dasselbe unbedingt unter den Staat zu stellen sei".... „So wie eine Kirche, sei es die lutherische, sei es die katholische, die Verfassung des Landes, in dem sie lebt, bei Seite schieben will, so erkläre ich, diese Kirche hat von dem Moment an keinen Rechtsanspruch auf Art. 15 und seine Wohlthaten. Sie müssen die Verfassung im Ganzen anerkennen, sonst können Sie Sich nicht auf einen Artikel, der Ihnen gefällt, stützen wollen."

Sollten nun diese und gleichartige Auslassungen wirklich geeignet sein, rechtliche Zweifel darwider wachzurufen, daß es der lutherischen Kirche Hannovers gegenwärtig zustehe, Selbständigkeit dem Staate gegenüber auf Grund des Art. 15 in Anspruch zu nehmen?

Gewiß nicht!

Denn zuerst: wo hätte denn die lutherische Kirche irgend einem in Geltung stehenden Staatsgesetze, und namentlich irgend einer Bestimmung der Verfassungsurkunde die Rechtsanerkennung und den Gehorsam verweigert? wiefern namentlich sollte dies in Betreff des Volksschulwesens geschehen sein? Die Hannoversche Landessynode hat darüber Beschlüsse überhaupt nicht gefaßt; und was eine Consistorialbehörde, oder vollends was Einzelne etwa sprechen und thun, hat doch die Kirche nicht zu vertreten. Indes haben auch die Aeußerungen und Handlungen der

Kirchenbehörden, namentlich des Landesconsistoriums, so viel darüber kund geworden, allenthalben darauf sich beschränkt, Anträge und Wünsche vorzutragen oder zu befürworten, welche ohne irgend welche Verletzung des Rechts des Staats und seiner Gesetze lediglich innerhalb der durch diese gezogenen Schranken, Recht und Interesse der Kirche zu schützen bezweckten.

Und welch' eine niedrige, mit der Würde und Hoheit staatlicher Gesetzgebung völlig unvereinbare Anschauung bekundet sich auch in einer Aufstellung, welche die Geltung und Wirksamkeit der einen Gesetzesnorm davon abhängig machen will, daß eine andere Anerkennung finde. Das Gesetz wird damit herabgedrückt auf das Niveau eines zweiseitigen Contracts, dessen Erfüllung bei Gefahr der Entgegensetzung der exceptio doli ohne Angebot der Gegenleistung nicht begehrt werden kann. Aber die Kraft und Wirksamkeit des Staatsgesetzes hängt in Wahrheit überhaupt nicht von der Anerkennung der davon Betroffenen ab; wer einer seiner Vorschriften widerstrebt, den beugt die Macht des Staates zum Gehorsam und er muß damit auch widerwillig dem Gesetze Anerkennung geben. Sein Widerstreben aber ändert an der gesetzlichen Geltung anderer Bestimmungen, auch soweit sie zu seinen Gunsten lauten, nichts, es müßte denn das Gesetz selbst — was jedoch hier durchaus nicht vorliegt — eine dahin gehende Rechtsverwirkung vorschreiben.

Im vorliegenden Falle aber vollends würde, sofern die Kraft und Wirksamkeit des Art. 15 von einer Anerkennung bezw. Durchführung der Bestimmungen der Preußischen Verfassungsurkunde über Schul- und Unterrichtswesen abhängig gemacht werden soll, der Widersinn sich ergeben, daß die Auslegung des Gesetzes eine Bestimmung, welche das Gesetz selbst als eine unmittelbar in Kraft tretende hingestellt hat (Art. 15), danach suspendirt, daß andere Bestimmungen (die über das Schulwesen) zur Geltung gelangen, die nach dem Gesetze selbst bekanntlich erst mit dem Erlaß des — noch ausstehenden — allgemeinen Unterrichtsgesetzes in Kraft treten sollen.

Zu solchen Ergebnissen gelangt man in Auslegung und Anwendung von Gesetzen, wenn das Urtheil nicht von Erwägungen des Rechts, sondern von den Antrieben einer Parteipolitik geleitet wird!

Die gegenwärtige Geltung des Art. 15 für unsere lutherische Kirche ist aber noch aus andern Gründen in Frage gestellt.

Der Prof. Dove, ausgehend von dem zweifelhaften Sinne der Tragweite des Art. 15, meinte bei den Synodalverhandlungen (vgl. S. 204 der gedruckten Synodal-Protokolle), „vor allem liege in dem Artikel die Aufforderung enthalten, Organe für die Kirche zu schaffen; doch liege da noch ein langer Proceß vor uns, und, wie weit wir zurück seien, hätten uns in diesen Tagen wieder mannichfache Berathungen gezeigt, so die über Predigerwahlen, so die über Sonntagsfeier und die Taufpathen stets sogleich mit dem Rufe nach der Polizei, die eine Selbstregierung doch müsse zu entbehren wissen."

Die letzte Bemerkung wird als eine zur Sache wenig gehörige oratorische Aufschmückung, in welcher der Redner gelegentlich seiner Stellung zur Synodalmehrheit Ausdruck zu geben und letztere in der öffentlichen Meinung herabzusetzen gesucht hat, hier füglich unbeachtet bleiben können. Was aber das Uebrige betrifft, so sucht man vergeblich nach einer Aufklärung oder Andeutung darüber, welche kirchliche Organe denn noch erst geschaffen werden sollen. Die lutherische Kirche Hannovers hat Kirchenvorstände, Bezirkssynoden und Ausschüsse derselben, eine Landessynode und einen Landessynodalausschuß; sie hat neben den Provinzial-Consistorien im Landes-Consistorium eine oberste Kirchenbehörde, welche zwar für jetzt nur beschränkte Competenz hat, aber von der Landessynode für völlig geeignet erkannt wird, unter Mitwirkung des Synodalausschusses in gewissen Fällen, mit vollerer Competenz bekleidet zu werden; sie erkennt endlich als Spitze des Kirchenregiments die landesherrliche Kirchengewalt an. Man mag darüber verschiedener Ansicht sein können, ob alle diese Organe oder einzelne derselben nicht vielleicht zweckmäßiger in der einen oder andern Beziehung anders zu bilden seien. Indes dem Staate gegenüber kommt es darauf nicht an. Diesem muß es genügen, daß eigene Organe der Kirche vorhanden sind, welche in der Lage sich befinden, die kirchlichen Angelegenheiten selbständig zu ordnen und zu verwalten, und daran läßt sich hier nicht zweifeln, namentlich nicht zweifeln in Beziehung auf die nach der Synodalordnung errichteten beiden Organe, das Landesconsistorium und den Synodalausschuß, für welche allein die Anträge der Landessynode erweiterte Competenzen in Anspruch nehmen. — Nur von einem Standpunkte aus, welcher das s. g. Gemeindeprincip und zwar in dem Sinne des Beruhens jeder Kirchengewalt bei der Mehrheit aller äußerlich (in der Einzel-Gemeinde oder der Gesammt-Gemeinde) zur Kirche Gehörenden als das allein zulässige und berechtigte annimmt und danach Beseitigung landesherrlicher Kirchengewalt und landesherrlicher Kirchenbehörden und deren Ersetzung durch gewählte Ausschüsse ꝛc. für unbedingt geboten erachtet, um wirklich zu kirchlichen Organen zu gelangen, ließe sich das Gegentheil rechtfertigen. Indes solchen Standpunkt wird Prof. Dove schwerlich einnehmen wollen und, was wichtiger ist, die Preußische Regierung kann und wird sich auf denselben nicht stellen. Seine Unrichtigkeit bedarf daher hier weitern Beweises nicht.

Fast noch weniger hat es mit einer andern Aufstellung des Prof. Dove auf sich, daß nämlich mit Rücksicht auf „die schwierige, durch die Einverleibung entstandene Complication" „diese Frage nur im Zusammenhange für alle Theile des Preußischen Staats zu lösen sei" (Synod.-Prot. S. 201). Es ist freilich bekannt, daß in den östlichen alt-preußischen Provinzen außerordentliche Provinzialsynoden eben erst über neue Grundlagen eines von den Organen der Einzel-Gemeinde anhebenden kirchlichen Verfassungsbaues berathen haben, daß im vormaligen

Kurfürstenthum Hessen eine Art Vorsynode tagt und in Schleswig-Holstein mit der Einführung synodaler Organe überhaupt noch nicht begonnen ist, daß somit in allen diesen Landestheilen noch geraume Zeit vergehen kann, bis die betreffenden Kirchen zu einem relativen Abschlusse des Verfassungsbaues, wie ihn die Hannoversche Kirche erreicht hat, gelangt sein werden. Wäre deshalb der Art. 15 in der Weise und nur in der Weise auszuführen, daß eine, alle genannten Kirchen gliedlich in sich fassende „evangelische Preußische Reichskirche" in die zugesagte kirchliche Selbständigkeit einträte, so möchte jene Aufstellung vielleicht einen Grund haben. Wenn aber, wie bereits dargelegt ist, wenigstens in Betreff der Hannoverschen Kirche nach deren gegenwärtigem Rechtsbestande jedes dahin gehende Verlangen unionistischen Gelüstens allen Anhalts im Gesetz und Recht entbehrt, so muß sich die besprochene Aufstellung als eine ganz willkührliche und grundlose erweisen. Jede Kirche oder Religionsgesellschaft, welche, wie unsere lutherische Hannoversche Kirche vermöge ihres eigenen rechtlichen Organismus in der Lage ist, von der Zusage des Art. 15 gegenwärtigen Gebrauch machen zu können, wird dessen Verwirklichung für sich zu fordern berechtigt sein, ohne darauf verwiesen werden zu dürfen, daß andere Kirchen in gleicher Lage sich noch nicht befinden.

Oder hat etwa die Preußische Regierung selbst den Art. 15 bisher noch für keine Kirche zum Vollzuge gebracht, weil er noch nicht für alle Kirchen ausgeführt werden kann?

Keineswegs! Die katholische Kirche namentlich auch des vormaligen Königreichs Hannover hat bereits von dem Art. 15 wesentlichen Vortheil sich zu verschaffen gewußt; was ihr gewährt ist, kann der lutherischen Kirche Hannovers ohne Ungerechtigkeit und Unbilligkeit nicht vorenthalten werden.

Wohl lohnt es deshalb auch der Mühe, Umfang und Art dieser Gewährungen genauer kennen zu lernen. Sie liefern einen wesentlichen Beitrag zur Darlegung des Sinnes, in welchem die Preußische Staatsregierung den für sich allerdings nicht ganz klaren und zweifellosen Ausdruck „selbständig" im Art. 15 versteht, und zeigen zugleich den Weg, welchen diese Regierung selbst zur Ausführung des Art. 15 und der ihm nachfolgenden Artikel der Verfassungsurkunde einschlägt, ein Punkt, auf welchen bei der unten specieller zu behandelnden Frage nach der Nothwendigkeit einer Mitwirkung der Kammern bei Ausführung der Synodalanträge zurückzukommen sein wird.

Was der katholischen Kirche im vormaligen Königreiche Hannover und zwar lediglich im Wege der Verwaltung, auf Grund von Ministerial-Rescripten, zugestanden worden, ist aber namentlich dies:

Von dem auf Gesetz beruhenden staatlichen Rechte der Bestätigung der Pfarrer und anderer höheren Kirchendiener soll den katholischen Bischöfen gegenüber abgesehen werden.

Ebenso von dem gesetzlich begründeten Rechte der staatlichen Bestätigung von Disciplinar-Erkenntnissen, durch welche gegen Pfarrer oder höhere Geistliche auf Dienstentlassung erkannt ist, weil das Disciplinarverfahren gegen Geistliche zu den Angelegenheiten gehöre, die nach Art. 15 der selbständigen Verwaltung der Organe der katholischen Kirche anheimgefallen seien.

Ueberhaupt sollen Ausflüsse des jus circa sacra, welche mit Art. 15 unvereinbar sind, für aufgehoben gelten auch ohne specielle neue Bestimmung. Insbesondere sind danach für nicht ferner anwendbar erklärt:

Zuständigkeiten der katholischen Consistorien (reiner Staatsbehörden), wie sie bisher, theilweis kraft Königlicher Verordnung, in Uebung von Disciplinargewalt über Kirchendiener bestanden;

das durch Königliche Verordnung begründete Verbot für katholische Theologen, welche Anstellung im geistlichen Amte finden wollen, ohne besondere Erlaubniß außerdeutsche Lehranstalten zu besuchen;

die staatliche Einrichtung einer Superrevision der Kirchenrechnungen und das zu Recht bestehende Erforderniß staatlicher Zustimmung zur Veräußerung kirchlichen Grundbesitzes;

auch, mit besonderer Beziehung auf Art. 16 der Verfassungs-Urkunde für den Preußischen Staat, die gesetzlichen Vorschriften über das Erforderniß des landesherrlichen Placet bei solchen allgemeinen Anordnungen der römisch-katholischen Kirchenbehörden, welche nicht rein-geistliche Gegenstände betreffen, und einer vorgängigen Vorlegung zur Einsicht behuf Ausübung des Oberaufsichtsrechts bei den, rein-geistliche Gegenstände betreffenden allgemeinen Anordnungen.

Wegen der bisher großen Theils von Staatsbehörden wahrgenommenen Bausachen der katholischen Kirche endlich ist das Eintreten auf eine neue Regulirung, durch welche auch für diese kirchlichen Vermögenssachen die kirchlichen Organe an Stelle der darin bisher großen Theils zuständigen Staatsbehörden Zuständigkeit erhalten, gutgeheißen, nur mit der Bevorwortung, daß den Staatsbehörden eine angemessene Competenz gewahrt bleibt, sofern Staatsfonds betheiligt sind und insoweit die Zwangshülfe des Staats zur Einziehung kirchlicher Beiträge begehrt wird.

Daneben ist für Parochial-Veränderungen das Erforderniß staatlicher Anerkennung ausgesprochen, damit sie auf staatlichem Gebiete wirksam seien.

So steht es mit der katholischen Kirche.

Sehen wir nun näher zu, worauf die Anträge der Synode gerichtet sind, so viel ihren ersten Hauptgegenstand, nämlich die Competenz des Cultusministeriums, betrifft.

Auf diesen Theil der Anträge vornehmlich, wenn nicht allein bezieht sich die Bedeutung des Art. 15 der Verfassungs-Urkunde und die Analogie der Auseinandersetzung zwischen der römisch-katholischen Kirche und dem Staate. Denn es handelt sich dabei wesentlich um das Verhältniß der kirchlichen Organe zu einer Behörde, welche zwar Kirchengewalt übt, aber doch nicht eigentlich Kirchenbehörde, vielmehr Staatsbehörde ist, während dagegen der zweite Hauptgegenstand der Synodalanträge, welcher für Uebung der landesherrlichen Kirchengewalt gewisse Schranken und Ordnungen feststellen will, rein den Charakter einer kirchlichen Angelegenheit an sich trägt.

Die Anträge der Synode aber gehen, so viel die Competenz des Cultusministeriums betrifft, kurz gesagt darauf, daß

1) das Cultusministerium die bisher ihm noch verbliebene Zuständigkeit zur Ausübung von Kirchengewalt in der evangelisch-lutherischen Kirche des vormaligen Königreichs Hannover verliert und der Geschäftskreis des Landesconsistoriums die entsprechende Erweiterung erfährt, mithin letzteres künftig unter dem Könige die oberste Instanz in kirchlichen Angelegenheiten allgemein, nicht mehr bloß in den einzelnen Angelegenheiten, welche der §. 3 der Verordnung vom 17. April 1866 dem Landesconsistorium zugewiesen hat, bilden soll;

2) daß die bisher, wenn auch großen Theils nur formell bestehende Unterordnung des Landesconsistoriums unter das Cultusministerium aufhört und das Landesconsistorium demnach auch nicht mehr durch Vermittelung des Cultusministeriums, sondern unmittelbar mit dem Könige als oberstem Inhaber der Kirchengewalt verkehrt.

Recht und Bedürfniß dieser Anträge weiter zu begründen, wird nach den bereits gegebenen Darlegungen kaum nöthig sein; sie ergeben sich daraus eigentlich von selbst. Es handelt sich darum, die Einrichtung des Kirchenregiments so zu gestalten, daß der König die Kirchengewalt wirklich entweder unmittelbar oder mittelbar durch eine Consistorialbehörde, nicht durch eine Staatsbehörde übt, welche der Kirche nicht verpflichtet und nicht nach kirchlicher Ordnung und nach kirchlichem Interesse eingerichtet ist. Von dem, was zur Staatsgewalt (Kirchenhoheit) gehört, soll dem Cultusministerium nicht das Geringste genommen werden; wohl aber hat vorausgesetzt werden können und müssen, daß der Staat einer evangelisch-lutherischen Kirche, welche in dem Landesherrn den obersten Inhaber der Kirchengewalt anerkennt, kein geringeres Maß von Freiheit und Selbständigkeit zuerkennen werde, als der römisch-katholischen Kirche unter ihren Bischöfen und dem römischen Papste und daß daher die Schranken kirchenhoheitlicher Machtübung, welche namentlich nach Art. 15 der Verfassungs-Urkunde gegenüber der katholischen Kirche die Staatsregierung selbst sich gesetzt hat, auch gegenüber unserer evangelisch-lutherischen Kirche Geltung erlangen müssen. Die Scheidung zwischen Kirchengewalt und Kirchenhoheit in der Instanz des Cultusministeriums, welche ohne diese Vorgänge schwieriger hätte sein können, ist danach wesentlich erleichtert und vereinfacht; in den Detailbestimmungen der Synodalanträge hat auf die erwähnten Vorgänge besondere Rücksicht genommen werden können und weitere Auseinandersetzungen, welche beim Eintreten auf die Synodalanträge nöthig werden möchten, würden diese Vorgänge ebenfalls zu beachten haben.

Uebrigens ist die Erweiterung des Competenzbereichs, welche dem Landesconsistorium zugedacht ist, fürerst noch wesentlich dadurch beschränkt, daß zwei bedeutende vorläufige Ausnahmen zu Gunsten einstweiliger Beibehaltung der Ministerialcompetenz gemacht sind, nämlich

a. für Angelegenheiten, welche das Parochialvermögen und die vermögensrechtlichen Verhältnisse der Kirchengemeinden betreffen;

b. für Angelegenheiten derjenigen niedern Kirchendiener, deren Kirchendienst mit einem Schuldienst verbunden ist.

In Betreff der ersteren Angelegenheiten ist von der Landessynode eine vorgängige Verhandlung zwischen Staats- und Kirchenregierung zu angemessener Regelung der beiderseitigen Competenz für wünschenswerth gehalten, bevor die bestehenden Competenzverhältnisse geändert werden. Es würde aber eine solche, den Interessen und Wünschen der Kirche entsprechende Regelung und demnach eine Ausdehnung der Zuständigkeit des Landesconsistoriums auch auf diese Angelegenheiten voraussichtlich ohne erhebliche Schwierigkeit zu bewirken stehen, wenn das Cultusministerium hier von denselben Grundsätzen sich leiten lassen wollte, welche für kirchliche Vermögenssachen und insbesondere kirchliche Bausachen der römisch-katholischen Kirche gegenüber nach der obigen Darstellung angenommen sind.

Die Ausnahme wegen der Angelegenheiten der niedern Kirchendiener, deren Kirchendienst mit einem Schuldienst verbunden ist, geht von dem bisherigen Zustande der Organisation der Volksschulverwaltung in dem vormaligen Königreiche Hannover aus. Danach sind die evangelischen (Provinzial-) Consistorien bezw. deren Schulabtheilungen die ordentlichen Oberbehörden der Volksschulverwaltung und diese Consistorien vereinigen deshalb in sich die kirchliche und die Schulverwaltungs-Zuständigkeit für die vereinigten Dienste der niedern Kirchendiener und Volksschullehrer. Dieselbe vereinigte Zuständigkeit übt in höchster Instanz bisher das Cultusministerium. Die Landessynode hat im Interesse der Verbindung von Kirche und Volksschule hieran nichts ändern, namentlich nicht bezüglich der höchsten Instanz durch Forderung der kirchlichen Zuständigkeit über den Kirchendienst für das Landesconsistorium die leichtere und einheitliche Wahrnehmung und Versorgung der Interessen der verbundenen Dienste schädigen oder erschweren wollen, da sie ihrer Seits den Fortbestand der Vereinigung von Kirchen- und Volksschulverwaltung in den Provinzial-Consistorien wünscht. Sollte freilich staatsseitig demnächst diese Vereinigung beseitigt werden, so würde auch die desfalls gemachte vorläufige Ausnahme fortfallen müssen.

So lange die beiden vorläufigen Ausnahmen Bestand haben, ist die Erweiterung des Competenzgebiets, welche die Verwirklichung der Synodalanträge dem Landesconsistorium bringen würde, eine nicht sehr beträchtliche. Sie wird sich im Wesentlichen beschränken auf Angelegenheiten der kirchlichen Verfassung, bei welcher ohnehin schon unter den gegenwärtigen Verhältnissen das Cultusministerium zu Berlin fast ausnahmslos der Vermittelung durch das Landesconsistorium sich hat bedienen müssen, des kirchlichen Visitationswesens, welches bisher nur nach einzelnen Seiten zum Zuständigkeitsgebiete des Landesconsistoriums gehört, des clerus minor, so weit die wenigen, mit einem Schuldienst nicht verbundenen Kirchendienste in Frage kommen, und etwa solcher nicht streitiger Ehesachen, welche kirchlicher Natur sind, ohne doch unter die dem Landesconsistorium bereits zugewiesenen Angelegenheiten (z. B. des Cultus) zu fallen.

Die Hannoverschen Provinzial-Consistorien würden zunächst in den Volksschulsachen einschließlich der damit verbundenen Sachen des größten Theils des clerus minor und in den Vermögenssachen der Kirchengemeinden und ihrer Kirchencassen ein Competenzbereich behalten, welches über dasjenige des Landesconsistoriums hinausreicht und in welchem sie deshalb nicht unter dem Landesconsistorium, sondern wie bisher unmittelbar unter dem Cultusministerium zu stehen haben.

Das ist der Grund, weshalb die Synode, von der Rücksicht auf strenges Maßhalten geleitet, nicht für das Landesconsistorium die Stellung der Disciplinar- und Bestallungsbehörde der Provinzial-Consistorien in Antrag bringt, vielmehr diese Stellung dem Cultusministerium belassen und nur das dabei gesichert zu sehen wünscht, daß das Cultusministerium bei gewissen wichtigeren Acten der Bestallung oder Disciplin nicht ohne Vorwissen und Einverständniß des Landesconsistoriums verfährt, da dieses schon jetzt in wichtigen Angelegenheiten und nach den Synodalanträgen demnächst noch in erweitertem Umfange die vorgesetzte Stelle der Provinzial-Consistorien ist. Daß eine solche Sicherung durch ausdrückliche Gesetzesbestimmung nicht überflüssig ist, hat auch hier die Erfahrung gezeigt, nach welcher in den letzten Jahren wichtige Anstellungen bei den Provinzial-Consistorien ohne alles Vorwissen des Landesconsistoriums erfolgt sind.

Die Beseitigung der Unterordnung des Landesconsistoriums unter das Cultusministerium ist nichts als eine einfache Consequenz der dem ersteren schon jetzt zukommenden Stellung als

obersten Kirchenbehörde im Zusammenhalte mit der verfassungsmäßig zugesicherten Selbständigkeit der Kirche (oder Religionsgesellschaft). Selbstverständlich wird damit diejenige Untergeben-
heit, in welcher jede Person oder Stelle, und so u. A.
auch die Behörden der römisch-katholischen Kirche, unter der vom Cultusministerium wahrzunehmenden Staatsgewalt über kirchliche Dinge
(jus circa sacra, Kirchenhoheit) stehen, weder geläugnet noch
beeinträchtigt. Auch kann und soll die beantragte Herstellung
eines unmittelbaren Verkehrs zwischen dem Landesconsistorium
und dem Landesherrn als Inhaber der Kirchengewalt den letztern
durchaus nicht in der Befugniß beschränken, in Angelegenheiten
der lutherischen Kirche Hannovers auch von andrer Seite als
vom Landesconsistorium und namentlich auch vom Cultusminister,
abgesehen ganz von einer durch concurrirende kirchenhoheitliche
Rücksichten gebotenen Zuziehung des Ministers, sich berathen zu
lassen.

Da schon lange dem evangelischen Ober-Kirchenrathe zu
Berlin, obwohl der Art. 15 der Verfassungsurkunde für die von
ihm verwaltete Kirche noch nicht zur Ausführung hat gebracht
werden können, eine coordinirte Stellung zum Cultusministerium und ein unmittelbarer Verkehr mit dem Landesherrn ein-
geräumt ist, so müßte, wie es scheint, bei der Preußischen
Regierung für völlig unanstößig befunden werden, der obersten
Kirchenbehörde der lutherischen Landeskirche Hannovers in Ausführung des Art. 15 gleiche Stellung zuzugestehen.

Hat in dieser Beziehung die Synode auf die Stellung
des Berliner Ober-Kirchenraths mit gutem Grunde Bezug nehmen
können, so hat sie doch mit nicht minderm Grunde in andrer
Beziehung ablehnen müssen, das Vorbild des Ober-Kirchenraths
bei ihren Anträgen zum Maße zu nehmen, indem sie den in
ihrer Mitte (vom Prof. Consist.-Rath Wiesinger) gestellten
Antrag, für das Landesconsistorium den Kreis seiner Zuständigkeit ganz nach dem Maße des Competenzgebiets des Berliner
Ober-Kirchenraths zu regeln, zurückgewiesen hat.

Auf den ersten Blick mag ein solcher Vorschlag bestechen. Es scheint doch so unbillig zu sein, für das Hannoversche Landesconsistorium mit seiner kleinen Landeskirche noch nicht einmal an dem sich genügen lassen zu wollen, was der so viel wichtigere Ober-Kirchenrath mit seiner großen Preußischen Staatskirche an Zuständigkeiten zugewiesen erhalten hat. Indes, wer den Dingen auf den Grund sieht, wird alsbald erkennen müssen, daß es in Wahrheit ganz anders sich verhält.

Ein zweckmäßiges Vorbild für Vertheilung des kirchlichen Zuständigkeitsgebiets zwischen Cultusministerium und Hannoverschem Landesconsistorium könnten die betreffenden, für Cultusministerium und Ober-Kirchenrath geltenden Normen schon deshalb nicht werden, weil sie in ihren Einzelnheiten großen Theils auf Voraussetzungen (z. B. Scheidung der Competenzen zwischen altpreußischen Consistorien und Regierungen) beruhen, welche für Hannover überall nicht zutreffen. Der Hauptgrund aber, welcher jenen Vorschlag als einen nach Lage der Sache durchaus unangemessenen und unannehmbaren erweist, ist folgender. Jene Competenzgränzen zwischen Cultusministerium und Ober-Kirchenrath haben durchaus nicht die Bedeutung, die Competenzgebiete der Kirchen- bezw. Staatsbehörde so festzustellen, wie sie in **Ausführung des, der evangelischen Preußischen Staatskirche gegenüber noch unausgeführten Art. 15 der Verfassungsurkunde** zu bestimmen sein würden; vielmehr würde bei Ausführung des Art. 15 für die Kirche ein bei weitem größerer Zuständigkeitskreis in Anspruch zu nehmen sein. Dagegen handelt es sich bei den gegenwärtigen Anträgen der Hannoverschen Landessynode eben darum, den Competenzkreis des Landesconsistoriums so zu normiren, wie es in Ausführung des Art. 15 richtig und angemessen zu geschehen hat.

Eine Verweisung auf das Maß der dem Ober-Kirchenrathe schon zukommenden Zuständigkeiten als vorbildliche Norm für die dem Landesconsistorium jetzt zuzuweisenden Zuständigkeiten würde bei dieser aus der ganzen Lage der Sache sich ergebenden Grundverschiedenheit des verständigen Sinns entbehren.

———

Den vom Ausschusse der Synode eingebrachten und von letzterer angenommenen Anträgen ward auf der Synode vom Pastor Schaaf, der nur eventuell den Ausschußanträgen zugestimmt hatte, principaliter ein anderer Antrag entgegengestellt. Da derselbe darauf hinausgeht, nur an die Stelle des besprochenen ersten Theils der Synodalanträge positiv etwas Anderes zu setzen, so empfiehlt es sich, diesen Schaaf'schen Antrag hier zu erörtern, bevor zur Besprechung des zweiten Theils der Synodalanträge übergegangen wird. Der Antrag aber des Pastors Schaaf lautete dahin:

die Landessynode wolle beantragen, daß zum directen und unmittelbaren Verkehr Sr. Majestät des Königs mit der evangelisch-lutherischen Landeskirche des vormaligen Königreichs Hannover eine lutherische und der lutherischen Kirche verpflichtete Instanz ernannt werde, welche diejenigen Competenzen der Kirchenregierung als solcher erhalte, die zur Zeit das Cultusministerium dem Landesconsistorium gegenüber ausübt, und dabei die Hoffnung äußern, daß in dieser Instanz eine Mitte gefunden werden könnte, in welcher die lutherischen Kirchenkörper der neuen Provinzen des Staats eine gemeinsame Vertretung erhalten.

Der Antragsteller ging davon aus, daß der zu hebende gefährliche Mißstand wesentlich in der unirten Mittelinstanz liege, welche das jetzige Cultusministerium zwischen Landesconsistorium und Landesherrn bilde, und daß nach Art. 7 des westphälischen Friedens und Art. 15 der Preußischen Verfassungsurkunde die Forderung, diese unirte Zwischeninstanz durch eine rein lutherische Behörde zu ersetzen, berechtigt sei, aber kein weiterer Anspruch, Wohnsitz oder Art und Weise dieser Behörde näher zu bestimmen, erhoben werden dürfe. Er erklärte, mit seinem Antrage nur die Interessen der Hannoverschen Landeskirche, welche allein von der Synode zu vertreten seien, wahrnehmen zu wollen, hoffte jedoch, daß derselbe als Ausgangspunkt dienen könne, eine gemeinschaftliche Oberinstanz für die sämmtlichen lutherischen neuen Provinzen des Preußischen Staats zu bilden.

Der Antrag fand, so unverkennbar er in wohlmeinendster, den Interessen der gesammten lutherischen Kirche, wie der lutherischen Landeskirche Hannovers insonderheit aufrichtig zugethaner Gesinnung gestellt und vertheidigt wurde, nur geringen Anklang auf der Synode und ward von derselben gegen wenige Stimmen abgeworfen.

In der That erweist sich der Antrag auch bei scharfer Prüfung als nicht haltbar. Denn zuerst entbehrt derselbe gleich den Vorzug, auf welchen der Antragsteller das Hauptgewicht legt, daß er nämlich einfach an das sich halte, was mit Grund Rechtens zu fordern sei. Die Einrichtung nämlich einer neuen Behörde, wie sie der Antrag verlangt, zu fordern, mag man diese nun als Staats- oder Kirchenbehörde sich denken, geben die angezogenen Gesetze kein Recht. Vielmehr stellen dagegen die von der Synode gebilligten Commissionsanträge in ihrem, dem Schaaf'schen Antrage parallel stehenden ersten Theile sich einfach auf den Boden des bestehenden Rechts. Denn sie wollen nichts, als dem Cultusministerium die von ihm noch geübte kirchenregimentliche Zuständigkeit entziehen, weil deren fortdauernde Uebung durch eine Staatsbehörde mit der verfassungsmäßig zugesagten Selbständigkeit der Kirche unvereinbar ist, und gleichzeitig dieselbe Zuständigkeit auf das Landesconsistorium übergehen lassen, weil diese Behörde als schon bestehende oberste Kirchenbehörde der Hannoverschen Landeskirche die von selbst gegebene Stelle ist, welcher die frei werdenden Zuständigkeiten der Führung des Kirchenregiments in oberster Instanz unter dem Landesherrn natürlicher Weise zufallen.

Dem Schaaf'schen Antrage ist ferner mit Recht vorgeworfen, daß er zu unbestimmt und unklar sei. Soll namentlich die neue Instanz eine Kirchen- oder Staatsbehörde sein?

Wenn eine Kirchenbehörde, und also doch wohl nach allgemeiner Regel consistorialiter, d. h. aus Geistlichen und Weltlichen gebildet, welche sonderbare Stellung würde dieses Oberconsistorium unserm Landesconsistorium gegenüber haben, da letzteres gerade die wichtigsten kirchlichen Interna zu seinem eigentlichen Geschäftskreise zählt, hierin die oberste Instanz unter dem Landesherrn bildet und sachlich unabhängig vom Cultusministerium gestellt ist, mithin auch ebenso unabhängig von dem neuen Oberconsistorium gestellt sein würde! Sollte dieses Oberconsistorium Bestand haben, so würde es, das ist leicht vorauszusehen, unser Landesconsistorium aufsaugen müssen. Denn auch von den übrigen neuen Provinzen würde es, selbst wenn wirklich Neigung, deren lutherische Kirchen ihm mitzuunterstellen vorhanden sein sollte, eine wesentliche Kraft des Bestandes schwerlich gewinnen. Man bedenke doch, daß in Kurhessen die dermaligen kirchlichen Verfassungszustände für das Eintreten einer solchen lutherischen Oberbehörde keinerlei Anhalt bieten, daß somit im Grunde die verhältnißmäßig kleine lutherische Kirche Schleswig-Holsteins neben der Hannovers allein in Frage stände. Sollte nun die, in Schleswig-Holstein vielleicht gar nicht gewünschte Erstreckung der Competenz des neuen Oberconsistoriums über die genannte Kirche diesem ersetzen können, was ihm an Halt dem relativ unabhängig gestellten Hannoverschen Landesconsistorium gegenüber fehlt? Schwerlich! So würde denn unser Landesconsistorium zurücktreten und ganz weichen oder mindestens geschwächt werden müssen, und wir hätten unserer Landeskirche selbst den Halt noch entzogen, den ihr diese ihre oberste Kirchenbehörde gewährt, um dafür eine neue Behörde einzutauschen, deren Besetzung gleich von Anfang an so geschehen kann, daß sie unserer Kirche nicht in dem Geiste, den wir für den richtigen halten, dient, und welche, vermuthlich in Berlin angesessen, dem Leben unserer Landeskirche fern stehend und, sei es von Anfang an fremd oder nach und nach fremd werdend, den schweren Gefahren, welche die politische und unionistische

Luft der Preußischen Hauptstadt schon so Vielen gebracht hat, sich ausgesetzt sieht. — Wollte man aber, um solchen Bedenken auszuweichen oder sie auszugleichen, etwa den Blick weiter schweifen lassen und darauf speculiren, daß mit der neuen lutherischen Oberbehörde ein Anziehungspunkt gegeben werde, der auch aus dem Bereiche der Union in den alt-preußischen Provinzen zerstreute lutherische Theile um sich sammeln könnte, so würde mit Recht der Vorwurf erhoben, daß es nicht recht und ziemlich sei, die Versorgung der Interessen der eigenen Kirche auf eine Zersetzung der benachbarten und verwandten Kirche zu gründen; außerdem auch möchte die Rechnung trüglich und gefährlich sein.

Vielleicht aber hat der Schaaf'sche Antrag keine Kirchenbehörde, sondern eine Staatsbehörde im Sinne. Da die neue Instanz nur „Competenzen der Kirchenregierung als solcher," also nicht der Staatsgewalt (Kirchenhoheit), erhalten soll, so würde es freilich ein schon in sich inconsequentes und mit der Verwirklichung kirchlicher Selbständigkeit im schneidenden Widerspruche stehendes Verlangen einer Synode sein, wollte sie die neue Instanz in dem Sinne der Bildung einer neuen Staatsbehörde begehren. Es würden ferner bei der in dem Antrage liegenden Beschränkung der neuen Instanz auf „Competenzen der Kirchenregierung als solcher" die Zuständigkeiten der Kirchenhoheit nicht von dieser neuen Instanz wahrzunehmen sein, sondern dem Cultusministerium verbleiben, was allerdings auch staatsrechtlich unvermeidlich ist, freilich aber zugleich der neuen Instanz den einzigen Grund hinwegnimmt, welcher es rechtfertigen oder richtiger erläutern und entschuldigen könnte, einer Staatsbehörde die Stellung der Ueberordnung über der obersten Kirchenbehörde und des Vermittlers zwischen letzterer und dem Landesherrn einzuräumen. Außerdem aber ist wohl zu beachten, daß, wenn der Antrag eine Staatsbehörde im Sinne hat, demselben vollends jeder Rechtsgrund mangelt. Denn wie sollte auch nach den angezogenen Gesetzesbestimmungen die kirchliche Vertretung befugt sein, vom Staate zu verlangen, nicht bloß, daß er sie (ausgestattet mit den ihr zukommenden oder bisher gewährten Mitteln) frei lasse und für ihre kirchliche Gestaltung Raum gebe, sondern daß er auch bei der Bildung seiner eigenen Staats-Behörden im kirchlichen Interesse positive Einrichtungen treffe?

Eben dies letzte Moment ist aber auch einer etwas modificirten Gestalt, in welcher einige Vertheidiger des Schaaf'schen Antrags, namentlich Superintendent Rocholl, diesen Antrag aufgefaßt und vertreten haben, entgegenzuhalten. Sie wünschen die Errichtung einer besondern lutherischen Abtheilung im Cultusministerium ähnlich den jetzt darin schon bestehenden Abtheilungen für evangelische Kirchensachen bezw. für katholische Sachen. Genau genommen harmonirt dies mit der im Schaaf'schen Antrage geforderten, „der lutherischen Kirche verpflichteten" Instanz zur Wahrnehmung lediglich kirchenregimentlicher, nicht auch kirchenhoheitlicher Zuständigkeiten, nicht. Doch interessirt das hier weniger. Von irgend welchem Rechte der Synode, eine derartige Organisation der Staatsbehörde zu fordern, kann sicher nicht die Rede sein. Schon der Ausgangspunkt aber, den Superintendent Rocholl dabei nimmt, muß angefochten werden. Denn die Behauptung, daß die in der Verordnung vom 17. April 1866 bestimmte Unterordnung des Landesconsistoriums unter das Cultusministerium selbstverständlich ein lutherisches Ministerium zur Voraussetzung gehabt habe, ist vom Standpunkte des Rechts unhaltbar. Thatsächlich mochte anzunehmen sein, daß der Cultusminister immer lutherisch sein werde; rechtlich war dies nicht erforderlich. Gesetzt aber es hätte so sich verhalten, so folgt doch daraus nicht, daß die Kirche das Recht hätte, nunmehr dieselbe Einrichtung bei dem Preußischen Cultusministerium zu fordern, vielmehr folgt daraus der Anspruch, eine Unterordnung der Kirchenbehörde, welche auf jene Voraussetzung gebaut ist, nicht länger festzuhalten, nachdem jene Voraussetzung weggefallen ist. Und dies grade ist es ja, was die Anträge des Ausschusses bezielen. — Doch weiter! Hält denn nun Superint. Rocholl wirklich an einer Wiederherstellung jener Voraussetzung eines lutherischen Ministeriums fest? Durchaus nicht! Seine Anforderung setzt sich in etwas ganz Anders um. Statt eines lutherischen Ministeriums fordert er nur eine lutherische Abtheilung im Cultusministerium und mit einer solchen ist, weil die Abtheilung dem Willen und der Entscheidung des Ministers gegenüber völlig unselbständig ist, in Wahrheit gar nichts erreicht, ganz abgesehen selbst davon, daß die lutherische Abtheilung im Cultusministerium vermuthlich ohne allen Personalwechsel leicht aus den gegenwärtigen, zur unirten Preußischen Staatskirche gehörenden Ministerial-Beamten sich würde bilden lassen. Denn ohne Zweifel würden Viele derselben, wenn nicht die Meisten, lutherischer Confession zu sein erklären. So hätte man — was das Allerschlimmste — den Schein, daß dem lutherischen Rechte und Interesse Genüge geschehen sei, ohne in Wahrheit das Geringste für sie gewonnen zu haben! Gewiß aber würde ein solches Resultat Niemanden mehr bekümmern, als die wohlmeinenden Vertreter des Antrags selbst.

Zum Ueberflusse mag übrigens noch das hervorgehoben werden, daß die Parallele der unirten Abtheilung nicht paßt, so lange der Minister zu den Angehörigen der evangelischen Staatskirche gehört, und der katholischen Abtheilung aus dem Grunde nicht, weil in katholischen Kirchensachen der Cultusminister keine Kirchengewalt zu üben hat und keine übergeordnete Stellung über den Kirchenbehörden einnimmt.

Wir wenden uns nunmehr zu dem zweiten Hauptgegenstande der Synodalanträge, welcher die eigene Stellung des Landesherrn als obersten Inhabers der Kirchengewalt betrifft.

Der heftige Widerspruch, welchen die Synodalanträge erfahren haben, und Vorwürfe, wie die äußerster Maßlosigkeit (Superint. Reuter auf der Synode) und Uebermuths (v. Bennigsen im Abgeordnetenhause am 27. Nov.), welche man gegen die Anträge und deren Einbringen öffentlich zu schleudern sich nicht gescheut hat, beziehen sich allein oder doch hauptsächlich auf diesen zweiten Theil der Anträge, während in Betreff des ersten Theils derselben selbst der leidenschaftlichste Gegner der Anträge auf der Synode, Prof. Dove, (Synod. Prot. S. 205), noch die Möglichkeit durchblicken läßt, sich dafür haben entscheiden zu können, hätte er nicht zum jetzigen Präsidenten des Landesconsistoriums, nachdem und weil derselbe die Ausschußanträge mit unterzeichnet, das nöthige Vertrauen verloren. (!)

Handelte es sich bei dem zweiten Hauptgegenstande der Anträge um Ordnungen und Schranken des landesherrlichen Kirchenregiments, so war vorab die Vorfrage nach dem fortdauernden Rechtsbestande dieses Regiments zu entscheiden.

Derselbe konnte angefochten werden wegen Unvereinbarkeit dieses Regiments mit kirchlicher Selbständigkeit. Von keiner Seite der Synode aber ist dies geschehen. Das landesherrliche Kirchenregiment, geschichtlich überkommen und zuletzt noch durch die Kirchenvorstands- und Synodalordnung anerkannt, wurde als eine der eigenen Ordnung der Kirche entsprechende Rechtsinstitution allgemein auf der Synode vorausgesetzt und angenommen. Nur ganz vereinzelt wurde, übrigens von einem Gegner der Ausschuß-Anträge, Pastor Pfaff, die Ansicht aufgestellt, daß die kirchenregimentlichen Rechte über die Hannoversche Landeskirche durch die Einverleibung Hannovers in Preußen auf den neuen Landesherrn nicht überkommen, vielmehr an die Hannoversche Landeskirche zurückgefallen und von deren Vertreterin, der Landessynode, wahrzunehmen seien. Praktische Folge indes wurde dieser Aufstellung auch von deren Vertheidiger selbst nicht weiter gegeben.

Zweifelhafter mochte die Frage erscheinen, ob nicht wegen der abweichenden, unirten oder reformirten, Confession des gegenwärtigen Landesherrn die Fortdauer des landesherrlichen Kirchenregiments in der Person desselben von Rechtswegen zu läugnen oder dasselbe wenigstens als besondern Beschränkungen nach

Art. VII. des westphälischen Friedens unterworfen anzusehen sei. Eine dahin gehende Ansicht war bald nach der Annexion des Königreichs Hannover in öffentlichen Blättern verschiedentlich geltend gemacht und man hatte von einzelnen Seiten dem Landesconsistorium verdacht und vorgeworfen, daß dasselbe der abweichenden Confession des neuen Landesherrn ungeachtet dessen Kirchenregiment ohne besondere Beschränkung anerkannt habe.

Allein, konnte man zwar nicht verkennen, daß das Kirchenregiment eines andersgläubigen Landesherrn eine Anomalie sei — eine Anomalie, welche als solche zu Consequenzen von der Einheit der evangelischen Kirche u. dgl., wie man solche wohl daraus hat ziehen wollen, nicht benutzt werden darf —, so vermochte man doch dieser Anomalie im vorliegenden Falle die Anerkennung des Rechtsbestandes nicht zu verweigern.

Die Synode hatte sich daran zu erinnern, daß in Deutschland überhaupt die Führung des Kirchenregiments in beiden evangelischen Kirchen durch den einer derselben angehörenden Landesherrn herkömmlich zur Regel geworden ist, und daß speciell im Hannoverschen Lande dies Herkommen unwidersprochene Geltung gehabt hat. Denn ein Jahrhundert lang haben anglikanische Landesherrn daselbst das Regiment in der lutherischen Kirche geführt und dieser Bestand hat auch seit länger als 30 Jahren verfassungsmäßige Anerkennung dadurch gefunden, daß in die Hannoverschen Landesverfassungs-Gesetze ohne Widerspruch von kirchlicher Seite ein Satz aufgenommen ist, welcher nur für den Fall, daß der Landesherr nicht evangelisch ist, wegen anderweitiger Führung des Kirchenregiments besondere Fürsorge trifft.

Was aber den vielangerufenen Art. VII. des westphälischen Friedens anlangt, so verbietet derselbe allerdings für einen Fall, wie den vorliegenden, daß nämlich ein Landesherr reformirter Confession die Landesherrschaft über ein Land erlangt, in welchem die lutherische Kirche öffentlich anerkannte Kirche ist, dem neuen Landesherrn vel publicum religionis exercitium, leges aut constitutiones ecclesiasticas, hactenus ibi receptas, immutare, vel templa, scholas, hospitalia, aut eo pertinentes reditus, pensiones, stipendia, prioribus adimere suorumque sacrorum hominibus applicare vel juris territorialis, episcopalis, patronatus aliove quocunque praetextu, subditis ministros alterius confessionis obtrudere ul-, lumve aliud impedimentum aut praejudicium directe vel indirecte alterius sacris afferre.

Die Rechtsschranken jedoch, welche mit diesen Bestimmungen gezogen werden, sind solche für das staatliche jus reformandi, die ohnehin nach den jetzigen Staatsverfassungs-Verhältnissen kaum noch Bedeutung haben, oder wehren doch, so weit sie auf Uebung des Kirchenregiments bezogen werden können, lediglich einem Vorgehen der Kirchenregierung, welches nach der gegenwärtig bestehenden Ordnung und namentlich im Hinblick auf die von Sr. Majestät dem Könige von Preußen ausdrücklich anerkannte Synodalordnung ohnehin nur als rechtswidriger Mißbrauch der Kirchengewalt zu betrachten sein würde. Sie haben also die Bedeutung eigenthümlicher Beschränkungen der Kirchengewalt des neuen Landesherrn nicht.

Allerdings aber fügt nun der westphälische Frieden zur Sicherung seiner oben angeführten Vorschriften ein eigenthümliches Mittel hinzu, indem er nach den citirten Worten so fortfährt:

Et ut haec conventio eo firmius observetur, liceat hoc mutationis casu ipsis communitatibus praesentare vel, quae praesentandi jus non habent, nominare idoneas scholarum et ecclesiarum ministros, a publico loci consistorio et ministerio, si ejusdem cum praesentantibus vel nominantibus sunt religionis, vel hoc deficiente, eo loco, quem ipsae communitates elegerint, examinandos et ordinandos, atque a principe vel domino postea sine recusatione confirmandos.

Eine Einrichtung, wie sie hiermit vorgesehen ist, würde freilich noch immer große Bedeutung haben können. Demungeachtet konnte auch hierin auf den westphälischen Frieden nicht zurückgegangen werden. Denn, nachdem dessen in Frage stehende Bestimmungen zur Zeit der anglikanischen Landesherrn, obwohl ihre Voraussetzungen gegeben waren, ein Jahrhundert lang keine Anwendung gefunden haben, können sie als geltendes Recht zur Zeit nicht füglich angesehen werden.

Von Erwägungen, wie die vorstehenden geleitet, hat die Synode bei ihren Anträgen, bei deren Begründung und bei der Adresse, mit welcher sie ihre Anträge überreicht hat, unzweideutig den Standpunkt festgehalten, daß dem neuen Landesherrn seiner abweichenden Confession ungeachtet die Kirchengewalt bezüglich der lutherischen Landeskirche Hannovers in demselben Umfange zustehe, wie dem frühern Landesherrn.

Es verdient dies, gegenüber den mancherlei Entstellungen des Verhaltens der Synode, besonders hervorgehoben zu werden.

Mit der Frage nach dem bestehenden Rechte konnte nun aber freilich die Sache in diesem Punkte nicht als abgethan angesehen werden. Es war damit nur der Ausgangspunkt gewonnen für die Frage danach, ob und wiefern etwa auch hierin neue Rechtsfeststellungen zu erstreben seien, um Bestand und Gedeihen unserer lutherischen Landeskirche zu sichern und zu fördern.

Denn daß den besondern Gefahren ihrer gegenwärtigen schwierigen Lage mit der im ersten Theile der Synodalanträge angeregten Beseitigung der kirchlichen Ministerialinstanz noch nicht ausreichend begegnet werde, ließ sich nicht schwer erkennen. In der Instanz der eigenen Entschließungen des Landesherrn bleiben auch bei unmittelbarem Verkehr des Landesherrn mit dem Hannoverschen Landesconsistorium Gefahren, vor denen die Synode, wollte sie pflichtmäßig ihres Amts warten, die Augen nicht verschließen durfte.

Es ist nicht oder doch nicht hauptsächlich die abweichende

Confession des neuen Landesherrn für sich allein genommen, welche diese Gefahren mit sich führt. Denn daß eine abweichende Confession des Landesherrn nicht nothwendig der Kirche Schaden und Nachtheil bringt, hat unsere lutherische Kirche in der Zeit ihrer anglikanischen Könige genugsam erfahren. Aber freilich war auch zu jener Zeit ihr Regiment, wie es in Wirklichkeit geführt wurde, von dem eigenen Geiste der Kirche getragen ohne einen irgend bemerkbaren Einfluß des anglikanischen Geistes oder Interesses. Man könnte daher selbst dem Prof. Dove zugeben, daß, wie er behauptet (S. 202 und 203 der Synod.-Prot.), die Preußischen Könige als Anhänger der Johann-Sigismundschen Confession den Lutheranern näher ständen, als anglikanische Landesherrn ihr gestanden, sofern erstere mit jener Confession ausdrücklich zur Augsburg'schen Confession sich bekennten, „so Ao. 1530 Kaiser Carolo V. von den protestirenden Fürsten und Ständen übergeben", selbst wenn man die entscheidenden, vom Prof. Dove auf der Synode vergessenen und erst von anderer Seite ergänzten, an die eben angeführten unmittelbar sich anschließenden Worte „und nachmals in etlichen Punkten nothwendig übersehen und verbessert worden", mit in Betracht zöge; und müßte dennoch mit Grund behaupten, daß für die lutherische Confession im Hannoverschen Lande jetzt Gefahren drohen, wie sie unter der Herrschaft der anglikanischen Könige überhaupt nicht vorhanden waren. Denn die abweichende Confession gewinnt ihre größere Gefährlichkeit erst in Verbindung mit andern hinzukommenden Momenten.

Immerhin jedoch ist auch das nicht zu läugnen, daß der Standpunkt der Preußischen Union schon an sich etwas eigenthümlich Bedrohliches für die lutherische Confession hat, weil er in dieser seine Hauptgegnerin erkennt und deshalb naturgemäß sein Streben dahin geht, das abschließende Lutherthum durch Hineinziehen in Union aufzulösen und damit für die Union unschädlich zu machen, und weil erfahrungsmäßig die Union mit allen andern, die Spitzen confessioneller Glaubenssätze abschlei=

senden Stellungen das gemein hat, daß sie für die Strenge confessioneller Stellung das Verständniß verliert und damit gegen solche Stellung intolerant wird. Was aber zur abweichenden Glaubensstellung gegenwärtig hinzukommt, ist dies, daß der neue Landesherr mit seinem ganzen geistigen Leben auf einem fremden Boden wurzelt und von diesem, dem Geiste des Hannoverschen Landes und seiner Kirche so gut als verschlossenen Boden fortwährend seine Haupt-Nahrung zieht. Der Beirath, dem volles Vertrauen des Landesherrn entgegenkommt, die Antriebe, welche sympathisch sein Urtheil und seinen Willen bestimmen, werden meist und noch auf lange Zeit hinaus — das steht verständiger Weise auch bei vorausgesetztem besten Willen nicht zu bezweifeln — aus alt-preußischen Kreisen stammen und nicht aus der eroberten, widerwillig einverleibten und in abgeneigter Stellung beharrenden Provinz, ohne Unterschied ob das Cultus-Ministerium, wie bisher, die Zwischen-Instanz zwischen dem Landesconsistorium bildet oder nicht. Der Geist aber der alt-preußischen und der Hannoverschen Bevölkerung stießen schon früher vielfach sich ab und die Vorgänge der letzten Jahre haben die Gegensätze nicht gemildert, sondern verschärft; auch das kirchliche Gebiet kann davon nicht unberührt bleiben. Daneben ist zu beachten, daß es der Art des Preußischen Regiments überhaupt nicht entspricht, auf fremde Eigenthümlichkeit mit Liebe einzugehen oder ihr schonende Rücksicht zu schenken, daß die natürliche Neigung der herrschenden Kreise in Berlin großen Theils noch immer auf absolutes und stark centralisirendes Regiment gerichtet und auch in der Kirche ein Regiment durch Cabinets-Ordres hergebracht ist. — Unter den gegenwärtigen Verhältnissen, wo durch die gesammte politische Lage das ohnehin in Preußen vorherrschende Staatsinteresse noch stärker in den Vordergrund gedrängt ist, kommt weiter hinzu, daß jede Regung confessionellen Eigenlebens in einer unterworfenen Provinz leicht als politisch bedenklich und gefährlich verdächtigt werden kann und die Gemeinschaft, welche die

Unionstendenz mit potitischem Interesse eingegangen ist, nach dieser Richtung noch enger sich schließt.

Die Berliner „Neue Evangelische Kirchenzeitung" hat dies besonders prägnant schon unterm 25. Juli 1868 ausgesprochen, indem sie in Beziehung auf S t a h l's Denkschrift so sich äußert: „Die Lage der Dinge in Deutschland und Preußens Stellung hat sich so ungeahnt und gewaltig verändert, daß wir billig zweifeln können, ob Dr. S t a h l auch nach 1866 noch für patriotisch halten würde, was er 1858 dafür gehalten hat, eine Anklage gegen die Unionstendenz der Preußischen Kirche, die in der Weise, wie sie in erhabenen Worten unseres Königs auch in den jüngsten Tagen wiederholt betont worden, auf das Innigste verbunden ist mit der nationalen Aufgabe Preußens überhaupt. Nur darin hat allerdings Dr. S t a h l auch noch für die Gegenwart Recht behalten, daß die starr- und neulutherische Partei in allen Landen zu den verbittertsten Gegnern Preußens gehört — ihre gegenwärtigen Agitationen in Hannover und Kurhessen bieten dafür nur allzu traurige Beläge. Einige ihr Factionen stehen in Reih' und Glied mit dem Ultramontanismus und allem Lumpenthum der groß- und kleindeutschen Demagogie. Aber diese Opposition des alt- und neulutherischen Clerus ist zugleich das Gericht über denselben. Sie ist ein vollgültiger Beweis, daß an diesem Lutherthum zum Theil dieselbe Entwickelung sich vollzogen hat, wie seit Jahrhunderten an dem Ultramontanismus; sie haben kein Vaterland mehr und kein Herz für dasselbe."

Wo solche Stimmung herrscht, da kann die „streng lutherische Partei" stets mit sicherer Aussicht auf Erfolg als eine „der Union und dem Staate Preußen zugleich feindliche Macht" denunciirt werden (von B e n n i g s e n im Berliner Abgeordnetenhause am 27. November v. J.), da dürfen Worte, welche jene „Partei" als ein auch politisch unbequemes Hinderniß erscheinen lassen, immer darauf rechnen, Anklang zu finden, Worte wie die — an D o v e's „deutsche evangelische Reichskirche" erinnernden — eines M i q u e l: „wir haben in Preußen die großen Ansätze nicht bloß im staatlichen, sondern auch im confessionellen Leben, zur Einigung der ganzen deutschen Nation. Die Preußischen Könige waren es zuerst, die das köstliche Gut der Union schufen, d. h., die offen aussprachen: zwischen den Reformirten und den Lutherischen besteht im Bewußtsein des Volks durchgängig kein Gegensatz mehr. Warum sich also noch in verschiedenen Kirchen neben einander trennen? .... Wenn es gelingt dem protestantischen deutschen Bewußtsein eine deutsche Kirchenverfassung zu geben, die Preußische Verfassung wirklich nach den Bedürfnissen der Gegenwart umzuformen und allmählich zur deutschen Kirchen-Verfassung zu entwickeln, dann haben wir das Piedestal unserer nationalen Entwickelung so fest gebaut, daß es Niemand zertrümmern wird." (Stenogr. Prot. des Berliner Abgeord.-Hauses von 1869, S. 845.)

An die starke und weitverbreitete, gegen die lutherische Landeskirche Hannovers gerichtete Strömung, in welche so der neue Landesherr gestellt ist, schließt noch zu deren Verstärkung der protestantenvereinliche Halb- und Unglaube sich an, überzeugt, daß, was die Confession verliert, schließlich ihm zufallen wird, und das Preußische Regiment kann der freilich wohl nur halb willkommenen Bundesgenossenschaft für die neuen Provinzen schwer sich erwehren, da diese Bundesgenossen meist schon als Nationalvereinler politisch von ihm zu Diensten angenommen sind.

Nun denke man sich den Preußischen König, der Macht, Größe und Ruhm Preußens auf dem Herzen trägt, der zugleich der Union von ganzem Gemüthe zugethan ist und ihr Wachsthum und Gedeihen wünscht, in diese Verhältnisse und Lebenskreise hineingestellt, müßte er nicht mehr als Mensch sein, wenn sein Urtheil in Führung des Regiments über die lutherische Kirche Hannovers durch die Einflüsse, welche von außen auf ihn eindringen, und den Wiederklang des Innern, der ihnen entspricht, nicht sollte leicht und häufig der Gefahr, beirrt zu werden, ausgesetzt sein? Ist es unrecht, wenn die Synode in Erwägung solcher besonderen Gefahr und in Betracht der ganzen für die Kirche bedrohlichen Lage der öffentlichen Verhältnisse, wie sie schon oben dargelegt ist, nach besonderen Garantieen sich umsieht, um mit denselben auch die eigene Führung des Regiments des Landesherrn zu umgeben?

Man hat die Synode auf die oben erwähnte Königliche Zusage vom 8. December 1866 verwiesen und der Professor Dove hat es rabulistische Auslegung genannt, in den Schluß dieser Zusage (in welchem von dem „Verlangen nach wachsender Einigung aller Theile und Glieder der evangelischen Kirche, welches Ich, wie Meine in Gott ruhenden Vorfahren, unwandelbar im Herzen trage" die Rede ist) „Union hinein zu interpretiren" (Synod.-Prot. S. 206). Der Vorwurf darf nicht schrecken. Er geht von der ganzen willkührlichen und selbstgemachten Voraussetzung aus, daß es sich bei der Frage nach der Gefährlichkeit oder Ungefährlichkeit der kirchlichen Lage lediglich darum handle, welchen Sinn jene Zusage habe, und welches Vertrauen in den redlichen Willen, die Zusage zu halten, gesetzt werde. Die ganze vorstehende Darlegung zeigt, wie dies keineswegs der Fall ist.

Außerdem aber ist auch noch wohl zu beachten, zuerst: daß Sinn und Bedeutung jener Königlichen Zusage von ganz andrer Seite, als auf der wir stehen, eine Auslegung erfährt, die hinsichtlich der Sicherung, welche der Zusage zu entnehmen ist, wohl etwas stutzig machen kann. Es ist die „Neue Evangelische Kirchenzeitung" — bekanntlich ein nach der öffentlichen Meinung oberkirchenräthlichen Kreisen nahestehendes Blatt —, welche im Jahrg. 1867 S. 164 und 165 bezüglich des Allerhöchsten Erlasses vom 8. December 1866 schreibt:

„Daß dieser Erlaß den Lutheranern Hannovers die Integrität ihrer neubegründeten Synodalordnung in der Ausdehnung zusichere, daß über die provinziellen Ordnungen von Hannover ein Weiteres als Folge landeskirchlicher Institutionen nicht gesetzt werden solle, dies ist in den Worten nicht ausgesprochen und kann auch nicht dadurch hineingelegt werden, daß das Landesconsistorium aus geistlichen Kreisen emphatische Dankbezeugungen für diesen angenommenen Sinn des Erlasses entgegennimmt."

Und es ist dieselbe Zeitung, welche (daselbst S. 174) es als ein völliges Mißverständniß des Königlichen Erlasses bezeichnet, wenn man darin „die Tragweite der Königlichen Worte in Betreff einer von der Zukunft zu erhoffenden und in ihr zu erstrebenden Einigung der evangelischen Kirche" verkennen wollte; welche ferner die kirchliche Lage noch nach dem Königlichen Erlasse mit den Worten (das. S. 217) darstellt: „die „„kirchliche Annexion"" braucht nicht erst zu geschehen, geschweige denn erst von uns dazu „„gereizt"" zu werden; sie ist geschehen. Auch die evangelisch-lutherische Kirche Hannovers ist rechtlich und thatsächlich ein Glied der evangelischen Kirche Preußens; es kann sich nur noch darum handeln, welche geordnete gliedliche Stellung sie zukünftig in dem gesammten Kirchenkörper einzunehmen hat. Nur diese Frage ist zur Zeit noch eine offene."

Will Professor Dove seinen Vorwurf rabulistischer Auslegung aufrecht halten, so wird er hiernach wenigstens die richtigere Adresse, an welche dieser Vorwurf zu richten ist, erfahren haben.

Zweitens aber ist auch das nicht zu vergessen, daß dem Königlichen Erlasse vom 8. December 1866 verschiedene öffentliche Kundgebungen Sr. Majestät des Königs von Preußen gefolgt sind. So die zu Hannover, Cassel, Kiel und Emden, welche nach demjenigen, was öffentliche Blätter darüber berichtet haben, alle im Wesentlichen darin übereinstimmen, daß zwar einer Seits der Willen, keinen Zwang zur Union zu üben, ausgesprochen, andrer Seits aber auch die herzliche Zuneigung zur Union und der Wunsch und die Hoffnung ihres Fortgangs bezeugt wird. Die neuste dieser Kundgebungen, die im Sommer v. J. an die Embener Geistlichkeit gerichtete, soll nach damaligen Zeitungs-Nachrichten etwa so gelautet haben:

„Sie wissen, Meine Herren, daß Ich ein Freund der Union bin; sie ist das Erbe Meines Vaters und Bruders und es ist

Mein Wunsch und habe Ich die Zuversicht, daß sie immer mehr gefördert werde und Verwirklichung finde. Indessen soll sie, wie Ich bereits in Hannover erklärt habe, nicht mit Zwang durchgeführt werden. Ich hoffe, daß die Confessionen, so lange sie bestehen, in Friede und Einigkeit sich vertragen, denn erst aus dieser Einigkeit kann die wahre Union hervorgehen. Darum soll kein Zwang diese herbeiführen, obwohl es Mein Wunsch ist daß sie auch in diesen Landestheilen bald zustande kommt."

So ferner der amtlich veröffentlichte Königliche Erlaß vom 7. November 1867 an den Berliner Ober-Kirchenrath, worin, nachdem der Mißdeutung begegnet ist, als sei von der „für gut befundenen" Nicht-Unterstellung der Consistorien der neuen Provinzen eine Schädigung der Union und der Landeskirche in den alten Provinzen zu besorgen, mit den Worten fortgefahren wird:

„Ich gebe Mich vielmehr der Hoffnung hin, daß die Vereinigung der evangelischen Kirchen unter ihrer eigenen Mitwirkung und freien Zustimmung, aus der allein die wahre Union hervorgehen kann, immer mehr und mehr erstarken wird und dies um so sicherer, je mehr Ich Mich auf die vertrauende treue Hingebung aller dabei Betheiligten und dazu Berufenen verlassen kann."

Es müßte sonderbar zugehen und aller sonstigen Erfahrung zuwider verlaufen, wenn nach solchen Aeußerungen nicht überreichlich geschmeidige und geschäftige Diener sich finden sollten, die, weniger um das Heil der Kirchen besorgt, als von dem Wunsche, sich Allerhöchsten Orts angenehm zu machen, geleitet und deshalb in der Wahl ihrer Mittel nicht immer allzu gewissenhaft, ihre Aufgabe darin erblickten, nicht nur alle Hindernisse, welche einer Ausbreitung der Union noch entgegenstehen, zu beseitigen, sondern auch, soweit sie das nicht vermögen, die vorhandenen Hindernisse zu verdecken oder als nicht bedeutende darzustellen.

Aber, zugegeben die allgemeine Gefährlichkeit der Lage und das daraus hervorgehende Bedürfniß, der eignen Ausübung der landesherrlichen Kirchengewalt hier besondere Schranken zu ziehen, ist nicht ein hierauf gerichtetes Beginnen ein Unternehmen, welches der ganzen Natur des Verhältnisses widerstreitet?

Eine einstimmige Antwort auf diese, allerdings wichtige Frage von allen Kennern des Kirchenrechts zu erhalten, dürfen wir bei der wesentlichen Verschiedenheit, welche in der kirchenrechtlichen Doctrin über Grund und Recht der landesherrlichen Kirchengewalt noch immer herrscht, freilich nicht erwarten.

Aber doch lassen sich gewichtige Stimmen vorführen, welche derartige Beschränkungen für zulässig, ja selbst für angezeigt durch die gesammte Natur des Verhältnisses erklären.

„In der That", sagt Prof. Dove im Bd. VII. seiner Zeitschrift S. 356, „soll das landesherrliche Kirchenregiment in der Kirche Bestand haben, so kann es nicht bleiben, wie es ist. Die landesherrliche Kirchengewalt, wie sie geworden, war allerdings die Schwester der absoluten Monarchie . . . ." „Als Staatsregiment in der Kirche ist sie in der Gegenwart unhaltbar; als Absolutie der Fürsten in kirchlichen Dingen . . . . wäre sie eine Entwürdigung und ein Unheil für die Kirche." Der Landesherr soll nach Dove's Meinung künftig nur Halt und Schirmherr der synodal verfaßten Landesgemeinde sein.

Damit stimmt es überein, wenn Professor Friedberg, ein anderer Schüler Richter's, in seiner Schrift: „Die evangelische und die katholische Kirche der einverleibten Länder 1867," S. 58 äußert:

„Ob mit Beibehaltung des landesherrlichen Episcopats ihm die Ernennung der kirchenregimentlichen Behörden zu stehen oder nur mit Aufgabe oder Beschränkung desselben die aus dem staatlichen Kirchenhoheitsrechte fließende Bestätigung der von der Synode Gewählten und zur Auswahl Vorgeschlagenen zu gewähren sei, das Alles sind Fragen wohl eingehender Erwägung würdig."

Von vorzüglichstem Interesse aber für die hier vorliegende Frage sind die klaren und gründlichen Ausführungen des

Erlanger Professors von Scheurl, namentlich in dessen als „vortrefflich" auch in dem vom Professor Dove herausgegebenen Richter'schen Lehrbuche des Kirchenrechts (S. 398) anerkannten Schrift „Zur Lehre vom Kirchenregiment", und in spätern Abhandlungen „Zu den Streitfragen über Kirchenverfassung" in Dove's Zeitschrift, namentlich Bd. VII.

Von Scheurl geht davon aus:

Der Congregatio sanctorum gebührt das Kirchenregiment und es muß deshalb immer gesichert bleiben, daß es nach dem Sinne der Kirche als einer Gesammtheit geführt werde, welche dem in ihrem Bekenntnisse dargelegten Glauben treu anhängt. In ihrer Darstellung als Landeskirchengemeinde hat die Congregatio sanctorum den Landesherrn, vorausgesetzt daß er gläubiger Christ ist, zum praecipuum membrum. Dieser erscheint beim Wegfall der Bischöfe vorzugsweise berufen, als stellvertretendes Organ der Kirche dieser kirchenregimentliche Organe zu berufen, nicht aber auch darüber hinaus an Stelle des Bischofs Kirchenregiment zu üben. Die Kirchenhoheit mit ihrer Unterstützung der Kirche durch das brachium saeculare kommt so zugleich zu einer angemessenen Weise der Anwendung. Persönlich darf sich der Landesherr mit der Kirchenregierung nur so weit befassen, als es durch die Zwecke der Kirchenhoheit gerechtfertigt wird. „Je mehr er die Kirche persönlich regiert, um so mehr verfehlt er seinen wahren Beruf und greift in ein fremdes Amt ein." Das landesherrliche Kirchenregiment hat einen Hauptmangel, den nämlich, daß die persönliche Handhabung der höchsten äußeren Kirchengewalt, welche ihrer Natur nach ein Kirchenamt sein sollte, es nicht sein kann. Denn ohne Prüfung der kirchlichen Qualification überkommt es dem Landesherrn, und ohne eigentliche kirchliche Verantwortlichkeit wird es von ihm geführt. Zur Berichtigung dieses Mangels hält v. Scheurl — wie das Richter-Dove'sche Lehrbuch S. 104 sagt „mit Recht" — die Beseitigung des Kirchenregiments der Cultusministerien und die Einsetzung collegialisch verfaßter oberster Kirchenbehörden nicht für genügend.

Er verlangt vielmehr, daß der Umfang der landesherrlichen Reservatrechte im Interesse der Kirchenfreiheit so eng bestimmt werden sollte, als es die wahren Zwecke der Kirchenhoheit zulassen, und daß die Vollmachten der Consistorien so erweitert würden, daß sie ermächtigt seien, „alle oder doch die meisten Entscheidungen und Entschließungen jener Art eben so unabhängig von dem wirklichen Willen des Landesherrn bezüglich des einzelnen Falls in seinem Namen zu treffen und zu fassen, als die Gerichtshöfe ermächtigt sind, rechtliche Entscheidungen im Namen des Landesherrn zu fällen." „Es gilt, daß dem Landesherrn als Kirchenoberen zur Erleichterung seines Gewissens in Beziehung auf Handhabung des Kirchenregiments nicht solche Entschließungen zugemuthet werden, wozu eine persönliche Befähigung erforderlich ist, die für ein Glied seines Standes als etwas Außerordentliches zu betrachten wäre." Freilich würden auch bei einer solchen Beschränkung der kirchlichen Reservatrechte wichtige kirchliche Entscheidungen dem Landesherrn verbleiben; die kirchlichen Behörden müßten ihm nach kirchlichen Rücksichten verantwortlich bleiben, Beschwerden über die Amtsführung derselben bei ihm angebracht werden können; eben so könne die Sanction organischer Einrichtungen und allgemeiner Kirchengesetze, wie die Ernennung der Mitglieder der regimentlichen Behörden ihm nicht abgewonnen werden. Allein hier sei der Punkt, wo durch eine gute Synodalverfassung dem Landesherrn das kirchliche Urtheil erleichtert werden könne.

So v. Scheurl und Prof. Dove fügt, indem er v. Scheurl's Ansichten im Richter'schen Lehrbuche des Kirchenrechts referirt, seiner Seits (S. 404) die Bemerkung hinzu:

„Auch dem Herausgeber scheint jene gebotene Beschränkung der kirchlichen Reservatrechte des Landesherrn nicht anders durchführbar, als wenn nach richtigen Principien organisirte Synoden mit in das Regiment der Kirche eintreten und durch die kirchliche Verfassung beide Elemente des Regiments, dasjenige der landesherrlichen Behörden und dasjenige der Synoden in organischer

Weise zu gemeinsamem regimentlichen Handeln, zu gegenseitiger Ergänzung und Berichtigung mit einander verbunden werden."

Uebrigens muß noch ausdrücklich hinzugefügt werden, daß von Scheurl in der dargelegten Weise den Umfang der persönlichen Obliegenheiten des Landesherrn in Führung des Kirchenregiments allgemein beschränkt zu sehen wünscht. Wo der Landesherr einer andern Confessionskirche angehört, ist seines Erachtens noch durch besondere Einrichtungen (über die er jedoch eingehender sich nicht ausspricht) den deshalb zu besorgenden Gefahren in angemessener Weise vorzubeugen (S. 140 in der Schrift: Zur Lehre vom Kirchenregiment).

Theilen wir nun vollständig oder nur im Wesentlichen diesen Standpunkt von Scheurl's und treten wir dann an die Anträge der Synode, welche auf die eigene Uebung landesherrlichen Kirchenregiments sich beziehen, näher heran, so werden wir eher über deren strenges Maß, als über eine behauptete Maßlosigkeit uns verwundern. Denn die Anträge halten, obwohl es galt den eigenthümlichen Gefahren zu begegnen, welche eine abweichende Confession des Landesherrn unter Zusammentreffen mit besonders schwierigen und ungünstigen öffentlichen Verhältnissen mit sich führt, ziemlich genau die Gränzen desjenigen ein, was von Scheurl ganz abgesehen von solchen eigenthümlichen Gefahren allgemein für gerechtfertigt erachtet.

Der erste hierher gehörige Antrag (in der unten abgedruckten Denkschrift sub V.) lautet:

„Das Erforderniß landesherrlicher Beschlußfassung in den zum Geschäftskreise des Landesconsistoriums gehörenden Angelegenheiten bleibt auf diejenigen Fälle beschränkt, in welchen dasselbe begründet ist."

Also, während von Scheurl eine Einschränkung der sogenannten Reservatrechte befürwortet, hier nur eine kirchengesetzliche Garantie, daß innerhalb des Geschäftskreises des Landesconsistoriums (zu dem die kirchlichen Vermögenssachen fürerst noch nicht einmal gehören sollen) keine Erweiterung der Reservatrechte, wie sie nach §. 8 der Königlichen Verordnung über Errichtung des Landesconsistoriums vom 17. April 1866 allerdings dem Rechte nach vorbehalten war, beim Fortbestande der Hannoverschen Regierung aber in Wirklichkeit schwerlich angeordnet sein würde und auch jetzt hoffentlich ohnehin gar nicht in der Absicht liegt, vom Landesherrn einseitig angeordnet werden darf.

Hat man bei diesem Antrage wohl die Besorgniß geäußert, ob nicht Zweifel darüber erhoben werden könnten, in welchen Fällen das Erforderniß landesherrlicher Beschlußfassung begründet sei, so würde ja Nichts entgegenstehen, um solchen Zweifeln vorzubeugen, noch vor Erlassung der gewünschten kirchengesetzlichen Bestimmung, die in Betracht kommenden Fälle, soweit nöthig, reglementsmäßig näher festzustellen. Sind nicht etwa neuerlichst Aenderungen, welche zur öffentlichen Kunde nicht gelangt sind, eingetreten, so bedürfen der Königlichen Beschlußnahme namentlich allgemein: gesetzliche Erlasse und sonstige allgemeine oder spezielle Anordnungen, durch welche Anordnungen, die früher vom Landesherrn oder mit landesherrlicher Genehmigung ergangen sind, geändert werden sollen, Ernennungen von stimmführenden Consistorial-Mitgliedern und von General-Superintendenten, sowie organische Einrichtungen, welche auf höherer Stufe als der der Superintenturbezirke liegen; und daneben besteht die Befugniß, durch spezielle Anordnung aus besondern Gründen eine einzelne Sache zur allerhöchsten Cognition zu ziehen.

Ein ungeänderter Fortbestand dieser letzten Befugniß ist freilich wohl danach angethan, Besorgniß zu erwecken. Denn allerdings könnte von derselben ein solcher Gebrauch, oder richtiger Mißbrauch, gemacht werden, daß dadurch die ganze, in Antrag gebrachte neue Bestimmung illusorisch würde. Indes ist doch die Verwirklichung einer solchen, nur auf die Möglichkeit eines Mißbrauchs gebauten, Besorgniß nicht wahrscheinlich, die

Beseitigung der fraglichen Befugniß würde aber anderer Seits die landesherrliche Gewalt gegenüber der von ihr ermächtigten Behörde unnatürlich beschränken. Außerdem mindert sich jene Besorgniß auch wesentlich durch die gleich zu besprechenden weitern Anträge (namentlich den unten sub IX. aufgeführten).

Von den sonst hieher gehörigen Anträgen bedarf der Antrag (unten sub VII.): „Der Landesherr ernennt die nach §. 58 Nr. 5 der Synodalordnung von ihm abzuordnenden Mitglieder der Landessynode unter Beirath des Landesconsistoriums", nach demjenigen, was oben in Beziehung auf die diesmalige Auswahl der Königlichen Synodalmitglieder mitgetheilt ist, weiterer Erklärung oder Rechtfertigung nicht; wäre der erzählte Vorgang nicht vorgekommen, so würde eine Bestimmung dieses Inhalts als selbstverständlich und darum überflüssig, wenn auch sonst unbedenklich, wohl haben angefochten werden können.

Die übrigen Anträge verfolgen bis auf einen, der von der Ernennung der Consistorialmitglieder handelt und besser zuletzt erörtert wird, sämmtlich das Ziel, für gewisse kirchenregimentliche Entscheidungen und Anordnungen eine relative Unabhängigkeit der Consistorialinstanz vom landesherrlichen Willen herbeizuführen.

Unter die Angelegenheiten, in denen eine unabhängige Consistorialentscheidung eintreten soll, wird zuerst „die der Kirchenregierung nach §. 71 der Synodalordnung zustehende Entscheidung über Synodalfähigkeit" gestellt; das Landesconsistorium (s. unten den Antrag sub VIII.) hat sie „in oberster Instanz selbstständig zu treffen."

Nach der Synodalordnung entscheidet jede Synode über Vorhandensein und Fortdauer der Synodalfähigkeit selbst; die Kirchenregierung hat nur in gewissen Fällen eine vorläufige Entscheidung, nämlich in Betreff der Zulassung oder Zurückweisung bei Constituirung der Landessynode und bei streitiger Zulässigkeit fernerer Theilnahme am Ausschusse der Bezirkssynode. Lediglich um diese vorläufige Entscheidung in den bezeichneten Fällen handelt es sich hier. Nach der Natur der Sache, welche mit einem richterlichen Urtheil manche Aehnlichkeit hat, und bei der Analogie, welche das bestehende Recht bietet, sofern es die Entscheidung über canonische Qualification zu bestätigen, der Geistlichen vom Urtheile der geistlichen Behörde allein abhängig macht, durfte die hier fragliche Entscheidung wohl mit Grund als eine solche angesehen werden, mit deren selbstständiger Abgabe angemessen das Landesconsistorium zu betrauen sei.

Eine relative Unabhängigkeit der Entschließung des Landesconsistoriums soll ferner eintreten (s. unten sub IX.):

1) bei Ernennung von Pfarrgeistlichen, Superintendenten und General-Superintendenten auf landesherrlich zu besetzende Stellen;

2) in Angelegenheiten, welche die Lehre der Kirche, die Seelsorge oder den Cultus betreffen, und

3) bei Aenderungen der Geschäftsordnung des Landesconsistoriums.

Dabei ist erläuternd zu bemerken: Die Ernennung von Pfarrgeistlichen und Superintendenten geht jetzt regelmäßig vom Landesconsistorium allein aus, der Landesherr kann aber (nach dem zum Antrage sub V. Bemerkten) durch spezielle Anordnung aus besonderm Grunde eine einzelne Ernennung zu seiner Cognition ziehen und darin verfügen, in welchem Falle das Landesconsistorium bisher die Ausführung der landesherrlichen Ernennung zu beanstanden nur befugt sein würde, falls in der canonischen Qualification, deren Vorhandensein das Landesconsistorium selbstständig zu prüfen hat, ein Mangel sich ergeben sollte. Die Ernennung der General-Superintendenten geschieht auf gutachtlichen, den Landesherrn jedoch nicht bindenden Bericht des Landesconsistoriums durch den Landesherrn; dem Landesconsistorium würde, falls ein von ihm nicht Vorgeschlagener landesherrlich ernannt werden sollte, nach bisherigem Recht ebenfalls nur wegen etwaigen Mangels der canonischen Qualification eine Beanstandung der Ausführung der Ernennung zustehen.

Nach dem gegenwärtigen Antrage soll hierin nun das geändert werden, daß Ernennungen, wenn und soweit sie vom Landesherrn ausgehen, nicht anders als mit Zustimmung des Landesconsistoriums erfolgen sollen.

Eben dieser Zustimmung soll es auch bei landesherrlichen Anordnungen oder Entscheidungen in den unter 2) und 3) bezeichneten Angelegenheiten bedürfen, „vorbehältlich eines durch Zustimmung der Landessynode bedingten Vorgehens im Wege kirchlicher Gesetzgebung".

Das Erforderniß einer Zustimmung des Landesconsistoriums wird jedoch in allen unter 1—3 genannten Fällen noch wesentlich durch die Bestimmnng gemildert, daß, wenn das Landesconsistorium zuzustimmen Bedenken trägt, dem Landesherrn offen bleibt, das vereinigte Collegium der Mitglieder des Landesconsistoriums und des Ausschusses der Landessynode zu vernehmen und, falls dies geschieht, die Zustimmung des genannten Collegiums diejenige des Landesconsistoriums ersetzt.

Um aber die Rücksichten hervorzuheben, welche dazu veranlaßt haben, gerade die unter 1—3 genannten Angelegenheiten für diese Art der Behandlung auszuwählen, so bilden die unter 1 und 2 aufgeführten einen Haupttheil des schon gegenwärtig dem Landesconsistorium mit sachlicher Unabhängigkeit wenigstens vom Cultusministerium zustehenden Geschäftskreises. Bei Anstellung der Geistlichen, die Superintendenten und General-Superintendenten eingeschlossen, ist es ferner überhaupt von der größten Wichtigkeit, daß dabei nur mit vollster Kenntniß der Verhältnisse und Personen und dem wahren Geiste der Landeskirche gemäß verfahren werde, und unter den besondern Verhältnissen der Gegenwart liegen gerade hier große und eigenthümliche Gefahren, vor denen Schutz gesucht werden muß. Hat man auf politischem Gebiete einen weitgreifenden Beamtenaustausch zwischen den neuen und den alten Provinzen für nöthig erachtet und zur Ausführung gebracht, so drängt sich auch die, wenn schon ferner liegende, Möglichkeit vor Augen, daß Aehnliches, sei es aus politischen Rücksichten, sei es zur Förderung von Unions-Tendenzen, auch auf kirchlichem Gebiete — vielleicht mit mehr Vorsicht und Zurückhaltung, doch im Widerspruche mit dem wahren Geiste der Hannoverschen Landeskirche und deshalb nicht ohne Schädigung des kirchlichen Wohls — einmal erstrebt werden könnte. Die Einführung einer zwischen Gemeindewahl und kirchenregimentlicher Auswahl alternirenden Besetzungsweise der Pfarrstellen würde die Bedeutung von Gefahren und Besorgnissen dieser Art zwar vermindern, nicht aber vollständig beseitigen. — Die Angelegenheiten anderer Seits, welche Lehre der Kirche, Seelsorge und Cultus betreffen, liegen so völlig auf dem rein geistlichen Gebiete, daß hierin eine relative Unabhängigkeit der sachkundigen geistlichen Behörde vom persönlichen Urtheile des Landesherrn, selbst abgesehen von dessen, hier freilich stark in's Gewicht fallender abweichenden Confession, als natürlich gegeben erscheint.

Der dritte Punkt aber, Aenderung der Geschäftsordnung, hat keine selbständige Bedeutung für sich; er dient nur dazu, mittelbar die Selbständigkeit und Unabhängigkeit consistorialer Entschließung, welche für die andern Punkte erstrebt wird und welche durch einseitige Aenderung der Geschäftsordnung, namentlich bei der eigenthümlichen Zusammensetzung des Landesconsistoriums aus ordentlichen und außerordentlichen Mitgliedern durch veränderte Bestimmungen über Zuziehung außerordentlicher Mitglieder, leicht unwirksam gemacht werden könnte, zu sichern.

Eine ganz ähnliche Bedeutung hat auch die ferner beantragte Bestimmung (unten sub VI. S. 2):

„Der Vorsitzende und die stimmführenden Mitglieder des Landesconsistoriums können außer im Wege des Disciplinarverfahrens und abgesehen von dem Falle einer durch körperliche oder geistige Unfähigkeit begründeten Versetzung in den Ruhestand wider ihren Willen weder auf eine andere Stelle versetzt, noch sonst ihres Dienstes enthoben werden, wenn nicht dasselbe

vereinigte Collegium" (nämlich der Mitglieder des Landesconsistoriums und des Ausschusses der Landessynode) "zustimmt."
Die ordentlichen Mitglieder des Landesconsistoriums einschließlich des Vorsitzenden erhalten dadurch eine gegen unfreiwillige Versetzung und Enthebung vom Dienste, soweit solche nicht durch Verschulden oder Unfähigkeit begründet wird, gesicherte Stellung, ähnlich den Richtern auf staatlichem Gebiete. Würden sie einfach nach dem gegenwärtigen Rechte der Staatsverwaltungsbeamten beurtheilt, so könnten sie zwar ebenfalls nicht beliebig ihres Dienstes enthoben werden (auch nicht mit Wartegeld), hätten sich aber Versetzung auf jedes andere Amt von mindestens gleichem Range und etatsmäßigem Gehalte gefallen zu lassen, eine Befugniß, von der zwar unter den gegebenen Verhältnissen nicht ganz leicht ausgiebiger Gebrauch gemacht werden könnte, deren Anwendung aber, sofern der bisher wenn nicht allein, doch jedenfalls hauptsächlich im Dienst der Kirche stehende Beamte auf ein beliebiges Staatsamt versetzt werden sollte, in ganz anderer Weise wie sonstige Versetzungen im Staatsverwaltungsdienste verletzend treffen würde. Allein die Geltung der betreffenden Gesetzesbestimmung, welche für die im Staatsdienst stehenden Beamten gegeben ist, für Mitglieder des Landesconsistoriums müßte schon in Zweifel gezogen werden, wenn nur das richtig ist, daß bei dem Amte der letztern die kirchliche Seite die hauptsächlichste ist. Nun muß aber nicht bloß dieser Satz behauptet werden, sondern noch mehr, daß nach der Einschränkung, welche die Kirchenhoheit durch Art. 15 der Verfassungsurkunde im Sinne der, der letzteren amtlich gegenüber der katholischen Kirche gegebenen Auslegung erfahren hat, das Landesconsistorium weder mit seiner gegenwärtigen Zuständigkeit, noch nach der ihm zugedachten, lediglich Attribute der Kirchengewalt berührenden Erweiterung seiner Zuständigkeit irgend welche Ausflüsse der Staatsgewalt fernerhin auszuüben hat, daß das Landesconsistorium daher zwar immer noch eine Königliche Behörde, aber keine Staatsbehörde ist, seine Mitglieder als

solche nur Kirchen-, nicht Staatsbeamten sind. Ist dies zuzugeben, so leiden ohne Zweifel Gesetze, welche für die im Staatsdienste stehenden Beamten gegeben sind, auf die Mitglieder des Landesconsistoriums keine Anwendung und für die Frage nach ihrer Versetzbarkeit würde, um dafür eine sichere Rechtsgrundlage zu erhalten, erst eine kirchengesetzliche Vorschrift, nach Art der vorgeschlagenen, neu zu geben sein. Fragt man dann aber, welcher Inhalt denn zweckmäßig einer solchen Vorschrift zu geben sei, so hat es Anstoß erregt, daß Mitglieder des Landesconsistoriums, obwohl sie Verwaltungsbeamte seien, hier nicht die unsichere Stellung, wie sie Verwaltungsbeamte allgemein haben, sondern die gesicherte Stellung von Richtern erhalten sollen. Man hat selbst auf die weitergehende Befugniß zur Entlassung der Staatsminister hingewiesen, welche dem Könige stets zu seinen obersten Dienern Männer seines jeweiligen Vertrauens sichern soll, und deren Analogie hier für passend gehalten. — Die so entstandenen Bedenken beruhen indes anscheinend auf unmerklicher Selbsttäuschung. Durch den gängigen Gebrauch des Worts "Verwaltungsbeamte" verführt, überträgt man, was eigentlich nur für Staatsverwaltungsbeamte gilt und paßt, ohne weiteres auch auf kirchliche Verwaltungsbeamte. Die Rücksicht, daß die Beamten stets brauchbare und willige Werkzeuge in der Hand des Vorgesetzten, zu oberst des Königs sein müssen, mag da, wo es auf einheitliche Erzielung großer Erfolge im äußern Leben ankommt, und somit wenigstens für gewisse Bereiche auf staatlichem Gebiete, mit Recht zur entscheidenden gemacht werden. Doch darf nicht vergessen werden, daß selbst auf staatlichem Gebiete die leichtere Ver- und Absetzbarkeit der Beamten mehreren Theils erst neueren und fremden Ursprungs ist. Auf dem Gebiete der Kirche steht es anders und den eigentlich kirchlichen Normen entspricht auch von Alters her eine gewisse befestigte Stellung der Kirchendiener im einzelnen Amte. Die Vergleichung mit den Ministern bietet für die Mitglieder des Landesconsistoriums bei der völlig verschiedenen Art und Natur der diesem zustehenden Geschäfte keine zutreffende Analogie und, erkennt man überhaupt den Ansichten von Scheurl's über Charakter der landesherrlichen Kirchengewalt und dem sich daraus ergebenden Bedürfnisse, eine relative Unabhängigkeit des consistorialen Urtheils zu begründen, auch nur einige Berechtigung zu, so führt die einfachste Consequenz zu einer Bestimmung, wie sie von der Synode hier beantragt ist.

Von den seitens der Synode beantragten gesetzlichen Bestimmungen bleibt hiernach nur noch eine zu erörtern übrig (s. unten sub VI. S. 1), diejenige, welche die landesherrliche Ernennung von Consistorialmitgliedern zum Gegenstande hat. Sie bildet den Schlußstein des Ganzen. Nach den Ausschußanträgen lautete sie ursprünglich dahin:

„Die landesherrliche Ernennung des Vorsitzenden und der stimmführenden ordentlichen und außerordentlichen Mitglieder des Landesconsistoriums, der Vorsitzenden und stimmführenden Mitglieder der lutherischen Provinzialconsistorien, des Vorsitzenden und der stimmführenden lutherischen geistlichen Mitglieder des" (NB. paritätischen) „Consistoriums zu Aurich ist dadurch bedingt, daß das vereinigte Collegium der Mitglieder des Landesconsistoriums und des Ausschusses der Landessynode (vergl. §. 66, Nr. 2 der Synodalordnung) die Ernennung für unbedenklich nach Recht und Interesse erklärt hat."

Durch Beschluß der Synode wurde dieser Antrag dahin umgesetzt, daß den fraglichen Ernennungen nur eine Anhörung des bezeichneten Collegiums darüber, ob dasselbe die Ernennung für unbedenklich nach Recht und Interesse der Kirche erkennt, vorherzugehen hat. In dieser geänderten Gestalt geht der Antrag gar nicht oder doch nicht erheblich über dasjenige hinaus, was für die evangelischen Kirchen der Pfalz und Badens schon gilt. In der Pfalz nämlich wird „bei Besetzung der erledigten Consistorialrathsstellen jederzeit das Consistorium mit seinem Gutachten vernommen werden, wobei es jedoch der Generalsynode unbenommen bleiben soll, auch ihre Wünsche hierüber zu äußern" (Vereinig.-Urkunde vom Jahre 1818,

§. 17). Und in Baden nehmen die Mitglieder des Synodalausschusses in der Stellung von außerordentlichen Mitgliedern des Ober-Kirchenraths an den Berathungen und Entschließungen des letztern, u. A. „über Besetzung von Stellen im Ober-Kirchenrathe, mit Ausnahme der Stelle des Präsidenten und des Prälaten", Theil.

Die Bedeutung einer Bestimmung dieser Art, vornehmlich unter den gegenwärtigen Zeitverhältnissen, ist ohne weiteres klar; um ihrer lebendiger bewußt zu werden bedarf es nur der Erinnerung an das, was oben über die Ernennung des Professors Dove zum außerordentlichen Mitgliede des Landesconsistoriums bemerkt ist. Die Besetzung der Consistorien bildet den von selbst gegebenen Ausgangspunkt, von dem aus, ohne Verletzung des formellen Rechts, das selbständige eigene Leben unserer lutherischen Landeskirche nach und nach ertödtet und statt dessen ganz allmählich ein fremder Geist der Verstaatlichung und des Unionismus eingeführt werden kann. Wird hier keine Sicherung gewährt, so haben die übrigen Schutzmittel nur geringen Werth, und mit Recht mag man daher fragen, ob es nicht dennoch vorzuziehen gewesen wäre, statt der jetzt von der Synode angenommenen rechtlich unbestimmteren Fassung, die ursprüngliche des Ausschusses anzunehmen.

Denn durch die ungeheuerlichen Uebertreibungen, mit denen gegen diesen Ausschußantrag gekämpft wurde, durfte und konnte man sich auf der Synode unmöglich täuschen lassen. Hieß es einer Seits, der Einfluß des Landesherrn werde durch dies Vetorecht herabgedrückt unter das Maß desjenigen, der ihm noch auf die römisch-katholische Kirche zustehe, so schlug man sich doch gleich selbst wieder durch die Anführung, daß der König von Preußen bei der Candidatenliste für die Bischofswahl dieses selbe Recht des Veto, das man eben noch zu so enormer Bedeutung aufgeblasen hatte, sogar das Recht eines absoluten Veto, besitze. Indes wichtige Stimmen legten großen Werth darauf, hierin nicht anzustoßen, und hielten anderer Seits dafür, daß die veränderte Fassung der Sache erheblichen Abbruch nicht thue, da es dem Landesherrn unmöglich sein würde, gegen den erklärten Widerspruch von Landesconsistorium und Synodalausschuß eine beabsichtigte Ernennung zur Ausführung zu bringen, es müßte denn etwa der, schwerlich zu besorgende, dann aber auch keine Rücksicht verdienende, Fall eintreten, daß die Mehrheit der letzteren offenbar durch unlautere Motive sich bei ihrer ablehnenden Erklärung haben bestimmen lassen. So blieb denn die Synode bei der milderen Fassung selbst in zweiter Lesung stehen, obwohl inmittelst bekannt geworden war, daß der von der Staatsregierung dem Abgeordnetenhause in Berlin vorgelegte Entwurf eines Unterrichtsgesetzes im §. 158 die Bestimmung enthält:

„In Berücksichtigung der besondern Beziehung der theologischen Facultäten zu der Kirche ihrer Confession soll in diesen Facultäten kein Professor angestellt werden, gegen dessen Lehre oder Bekenntniß die berufene kirchliche Behörde auf vorher zu bewirkende Anfrage Einspruch erhebt";

und hiemit jeder Schein eines Bedenkens gegen die ursprüngliche Fassung verschwinden mußte, vielmehr das entgegengesetzte Bedenken entstehen konnte, durch Abschwächung des nach der ursprünglichen Fassung vorgesehenen Vetorechts für den Kirchendienst dem durch den Ausschuß verstärkten Landesconsistorium weniger Recht zu erbitten, als für das streng genommen nicht-kirchliche Amt in der Facultät dem unverstärkten Landesconsistorium von der Regierung dargeboten wurde.

Die Landessynode hat auch hierin ihre Neigung zu strengstem Maßhalten bewiesen. Wäre ihr Absehen nicht lediglich darauf gerichtet gewesen, das nach ihrer Ueberzeugung der Kirche Heilsamste zu suchen, sondern hätte sie es auf eine Verkümmerung landesherrlicher Machtvollkommenheit abgesehen gehabt, so würde ihr nach dem Vorgange anderer Synoden sehr nahe gelegen haben, den Antrag nicht auf ein Vetorecht zu beschränken, sondern die Wahl oder Präsentation der Consistorialen, beziehungsweise eines Theils derselben, durch die Synode oder deren

Ausschuß zu begehren. Allein sie durfte auch die Gefahren, welche die wechselnden Stimmungen einer aus Majoritätswahlen hervorgehenden Versammlung und eines aus ihr sich heraussetzenden Ausschusses mit sich bringen, und die Schwierigkeiten, welche es für solche Organe hat, zutreffend und ohne alle Nebenrücksichten für kirchenregimentlichen Dienst Personen auszuwählen, nicht übersehen; sie mußte der Pflicht sich bewußt bleiben, auf der neuen Bahn nicht weiter zu gehen, als die Noth es gebot, wollte sie dem Vorwurfe entgehen, um gegenwärtige Schäden zu vermeiden willkührlich neue Gefahren der Zukunft heraufbeschworen zu haben.

Darf gehofft werden, daß die von der Synode gestellten Anträge nach den im Vorstehenden gemachten Ausführungen in ihren einzelnen Hauptpunkten so weit erläutert sind, um nunmehr zweckmäßig dazu übergehen zu können, noch rückblickend auf das Ganze, die Beschlüsse und das Verhalten der Synode gegen einige der bedeutendsten der dawider gemachten Vorwürfe in Schutz zu nehmen, so möge zuvor nur kurz noch gestattet sein, eines im Abgeordnetenhause besonders angegriffenen begleitenden Antrags (s. unten in der Denkschrift sub E) zu gedenken. Der Antrag geht im Wesentlichen dahin, daß dem Landesconsistorium, wie bisher in Betreff einiger Fonds schon geschehen, in möglichst erweitertem Umfange Mittel, wie namentlich die in der Staatscasse und im Hannoverschen allgemeinen Klosterfonds für unsere lutherische Landeskirche bestimmten Beträge, in jährlichen Generalsummen zu specieller Verwendung nach Maßgabe der allgemeinen Verwendungsbestimmungen überwiesen werden möchten. Nur dieser Antrag der Synode kann gemeint sein mit dem Vorwurfe, welchen der Abgeordnete Miquel im Abgeordnetenhause zu Berlin (Sitzung vom 27. November v. J., stenogr. Prot. S. 842) erhoben hat: „Die aus dem Budget bewilligten Positionen müssen der Controle der Landesvertretung entzogen und à discrétion dem Landesconsistorium überwiesen werden."

Vergleicht man diese Worte mit dem Inhalte des Antrags, so ist ersichtlich, daß sie letztern nur völlig entstellt wiedergeben. Denn nach dem Antrage soll das Landesconsistorium keineswegs über die Fonds beliebig schalten dürfen, vielmehr gehalten sein, die für die Fonds geltenden allgemeinen Verwendungsbestimmungen einzuhalten. Nur darauf, daß dies geschieht, kann aber überhaupt die Controle der Landesvertretung gerichtet sein und diese Controle, oder auch eine gleiche Controle der Staatsbehörden zu hindern oder zu mindern, liegt völlig außerhalb des Zwecks und des Sinnes des Antrags. Im übrigen aber ist hervorzuheben, daß der Antrag sich in ungleich bescheideneren Gränzen hält, als das, was Ministerialerklärungen zum Art. 15 der Verfassungsurkunde in Aussicht gestellt haben. Denn, nach dem Zeugnisse in Dove's Zeitschrift, Bd. VII., S. 312 ff., ist gelegentlich der Verhandlungen über Revision der Preußischen Verfassung in der Central-Abtheilung der Ersten Kammer zu Berlin ministerialseitig erklärt, daß der Staat die Leitung der Religionsgesellschaften und das Aufsichtsrecht über sie aufgebe und daher auch die bisher gewährten Fonds ihnen zur eigenen Verwaltung aushändigen müsse.

Kehren wir hienach zur Hauptsache zurück, um weiter zu sehen, was es mit den hauptsächlichsten Vorwürfen und Einwänden, welche dawider vorgebracht und nicht bereits früher erledigt sind, auf sich hat.

„Es ist der Muth der separatistischen Lutheraner und der Welfischen Partei", sagt der Abgeordnete Miquel (Sitzung des Abgeordnetenhauses vom 27. November v. J., S. 841 der stenogr. Prot.), „so weit gestiegen, daß auf der Synode ... von den Führern der Mehrheit anscheinend unter Billigung des Präsidenten des Landesconsistoriums Anträge in folgendem Sinne eingebracht werden: der König von Preußen kann nicht als summus episcopus für die lutherische Kirche in der

Provinz Hannover betrachtet werden, denn er gehört nicht zu unserer Confession."

„Wird nicht", so fragt derselbe Abgeordnete in Beziehung auf die Anträge des Ausschusses der Landessynode weiter (Sitzung vom 30. November v. J., Prot. S. 856) „geradezu behauptet, daß der König von Preußen als unirter Christ nicht mehr berechtigt sein könne, Landesherr zu sein in einer lutherischen Kirche, während, so lange Hannover zu England gehörte und die Welfischen Könige anglikanisch waren, niemals solche Behauptungen aufgestellt wurden, während in Deutschland die episcopalen Rechte über die protestantische Kirche unbestritten und sehr vielfach von katholischen Landesherrn ausgeübt wurden —, ich erinnere in dieser Beziehung an Bayern, an Sachsen. Wie kann man also solche Behauptungen aufstellen mit einem Schein Rechtens? Hier ist offenbar die Absicht durchleuchtend, da es nicht mehr möglich ist, auf politischem Gebiete die Wiederabtrennung der Provinz Hannover vom Preußischen Staate durchzusetzen, sie auf kirchlichem Gebiete durchzusetzen."

So lauten die groben und offenbaren Entstellungen, mit denen man von vorn herein das Abgeordnetenhaus in Berlin gegen das Verhalten und die Anträge der Synode einzunehmen gewußt hat. Durch die obige Darlegung sind sie bereits zur Genüge widerlegt und man kann nur darüber staunen, daß ein Abgeordneter mit der Würde der Kammer, der er selbst angehört, es vereinbar findet, deren Urtheil in solcher Weise durch falsche Behauptungen, von deren völliger Unwahrheit er leicht sich hätte überzeugen können, zu verwirren.

Wenn aber auch in der Synode selbst und sogar von kirchenrechtskundiger Seite die grundfalsche Behauptung aufgestellt ist, das landesherrliche Kirchenregiment werde durch die Ausschußanträge „mit Verlust seiner materiellen Bedeutung rein auf die Seite der formalen Sanction und Execution beschränkt" (Rede des Prof. Dove, Prot. S. 200), so mag es wohl noch der Mühe lohnen, eine kurze Ueberschau zu halten über die wichtigsten kirchenregimentlichen Rechte, welche dem Landesherrn noch bleiben würden, auch wenn die Ausschußanträge in ungeänderter Gestalt angenommen sein würden. Die arge Uebertreibung der aufgestellten Behauptung ergiebt sich daraus von selbst.

Zuerst im Gebiete der kirchlichen Gesetzgebung bleibt der Landesherr der eine Factor der gesetzgebenden Gewalt in völlig ungeänderter Weise wie bisher.

In die kirchenregimentlichen Behörden kann (abgesehen von den unbedeutenden Abweichungen, welche für das kleine Consistorium zu Otterndorf schon bisher bestanden) Niemand als stimmberechtigtes Mitglied eintreten, den nicht der Landesherr dazu auswählt, ernennt und ermächtigt.

Die Kirchenregimentsbehörden üben ihr Amt im Auftrage und im Namen des Landesherrn; er überwacht ihre Geschäftsführung und sie sind ihm für ordnungsmäßige Geschäftsführung verantwortlich.

In allem, was nicht die in den Anträgen speciell vorgesehenen Punkte — Entscheidung über Synodalfähigkeit, Ernennung von Pfarrgeistlichen, Superintendenten und General-Superintendenten, Anordnungen oder Entscheidungen im Gebiete der Lehre, der Seelsorge oder des Cultus, Aenderung der Geschäftsordnung des Landesconsistoriums — betrifft, behält der Landesherr eine durch den Widerspruch der Consistorien rechtlich nicht beschränkte Befugniß der Entscheidung und Anordnung in bisherigem Maße, so namentlich in den wichtigen Kirchenvermögenssachen und in den Kirchenverfassungssachen, soweit es nicht etwa bei letztern um Anordnungen oder Entscheidungen über Lehre, Seelsorge oder Cultus sich handelt. Außerdem verbleibt ihm auch in den Sachen, in welchen sein positives Vorgehen nach den „Anträgen", soweit es nicht im Wege der Kirchengesetzgebung erfolgt, an die Zustimmung des Landesconsistoriums oder des vereinigten Collegiums von Landesconsistorium und Synodalausschuß gebunden ist, noch, wie oben näher dargelegt ist, ein wichtiges Recht der Hinderung.

Erwägt man dann, daß neben diesen belangreichen Rechten der Kirchengewalt die Rechte der Kirchenhoheit selbstverständlich dem Landesherrn in Betreff der evangelisch-lutherischen Kirche in nicht geringerem Umfange, als in Betreff der römisch-katholischen Kirche zustehen, so wird man eine starke Uebertreibung nicht minder in der Aufstellung des Professor Dove zu finden haben, daß der Landesherr in Betreff der römisch-katholischen Kirche noch mehr Recht besitze, als ihm nach den Ausschußanträgen in Betreff der lutherischen Kirche verbleiben solle, weil ihm bei der katholischen Bischofswahl das liberum veto bezüglich der Candidatenliste zustehe (Prot. S. 202 oben). Also dies Vetorecht allein soll alle die aufgezählten, dem Landesherrn verbleibenden kirchenregimentlichen Befugnisse nicht bloß ersetzen, sondern noch überwiegen, während sogar ganz allein auf die Bestallung der obersten Regimentspersonen gesehen, kein Unparteiischer darüber zweifeln wird, daß der Landesherr, der ein, nur durch entgegenstehendes Vetorecht beschränktes Recht der Auswahl und Ernennung hat, wie die „Anträge" es dem Landesherrn belassen, ein größeres und bedeutenderes Recht besitzt, als der Landesherr, welchem bei der Bestallung nichts als ein Vetorecht zukommt.

Fordert aber Professor Dove, daß „eine erweiterte vogteiliche Stellung des evangelischen Fürsten, wie Stahl eine solche treffend definire, immer werde bleiben müssen" (Prot. S. 201), nun wohl wir stimmen darin mit ihm überein, weisen aber darauf hin, daß grade eine Stellung wie die dem Landesherrn nach den „Anträgen" zugedachte treffend als „erweiterte vogteiliche Stellung" anzusehen und zu bezeichnen sei.

Mit dem falschen Vorwurfe, daß mit den „Anträgen" eine Beseitigung der landesherrlichen Kirchengewalt beabsichtigt sei oder bewirkt werde, hängt der andere gleich falsche Vorwurf zusammen, daß ein „Rechtsbruch", ein „Attentat" und, wie die Ausdrücke weiter lauteten, mit der Annahme der Ausschuß-Anträge begangen werde. Professor Dove war es, der auch hierin voranging (Prot. S. 200) und nach wiederholter Betonung des Ernstes der Sache — denn es handle sich um eine „Capitalsache" — Worte von Kliefoth verlas, in denen von „dem Fluche der Sünde des Rechtsbruchs" die Rede war, der auch in dem neuen Zustande niemals zu Ordnung, Recht und Ruhe würde kommen lassen.

Wenige Tage nachher schon, in der Sitzung vom 30. Novbr. klingen gleiche Töne im Abgeordnetenhause zu Berlin wieder Hier ist es der angeblich conservative und streng lutherische Abgeordnete Wantrup, welcher alsbald bei der Hand ist, mit einem Miquel und Bennigsen über die Synode und deren Ausschuß den Stab zu brechen (stenogr. Prot. S. 866):

„Ich muß es beklagen, daß rechtgläubige Leute sich in der Verbitterung, in der Verstimmung haben hinreißen lassen, den lutherischen Grundsatz, den lutherischen nicht bloß, den christlichen Grundsatz von dem Gehorsam gegen die Obrigkeit, die von Gott ist, in einer solchen Weise zu verletzen. Ich muß es beklagen, nicht nur um der Männer willen, daß die lutherische Kirche selber dadurch in den Schein kommt, als ob sie es wirklich wäre, die — was sonst wohl hervorgehoben ist — das kirchliche Aufruhrwort — so hat's mal Jemand genannt — ein „„Aufruhrwort"" in dem Munde des Apostels (!) „„man muß Gott mehr gehorchen als den Menschen"" — als ob die lutherische Kirche es wäre, die das Wort zu ungerechten Werken auf ihre Fahnen schriebe, ich muß es beklagen nicht nur um der lutherischen Kirche willen in Hannover, ich muß es beklagen um aller Lutheraner willen in unserm Lande. Ich bin auch der festen Ueberzeugung, es können solche Ausschreitungen nicht ungerügt, nicht ungeahndet bleiben."

Und worauf bezieht sich nun das Alles? Darauf, daß in der Synode Anträge eingebracht, pflichtmäßig geprüft und angenommen sind, welche, von der Anerkennung der landesherrlichen Kirchengewalt ausgehend und durchaus innerhalb der Competenz der Landessynode wie des dem Landesherrn schuldigen Gehorsams sich haltend, darauf gerichtet sind, bei der Kirchenregierung die

Erlassung eines Kirchengesetzes zu beantragen, dessen Bestimmungen, wenn sie die Königliche Sanction erhalten sollten, u. A. eine Beschränkung der landesherrlichen Kirchengewalt herbeiführen würden, und bei denen sich die Synode, wie deren Ausschuß von Anfang an bewußt gewesen ist, daß die Synode sich zu bescheiden habe, wenn der Landesherr die Sanction versage. Denn, obwohl in der Form des Einbringens der Anträge nach dem Eingangs Bemerkten die ursprüngliche Intention etwas geändert ist, so ist doch nie etwas Weiteres beabsichtigt und in Frage gezogen, als das, was eben angegeben ist.

Was berechtigt denn ein solches durchaus legales und pflichtmäßiges Verhalten als „Aufruhr" zu bezeichnen, von „ungerechten Werken" zu sprechen und über „Ausschreitungen" zu klagen, die „nicht ungerügt, nicht ungeahndet bleiben könnten"? Wahrlich: wenn von einer Seite, die sich conservativ und streng lutherisch nennt, in Berlin so voreilig und verkehrt geurtheilt wird, was steht dann von anderen Seiten zu erwarten?

Aber stimmt nicht Kliefoth mit den vorgelesenen Worten in das verdammende Urtheil über die Synode ein? Denn das war der Eindruck, den die Vorlesung seiner Worte in der Synode wenigstens auf einen großen Theil der Synodalmitglieder machte, daß diese Worte speciell von den zur Berathung stehenden Anträgen des Ausschusses gesprochen seien. Indes hat sich später freilich ergeben, nicht nur, daß diese Annahme irrig, sondern auch daß die verlesenen Worte, außerhalb des vollen Zusammenhangs mitgetheilt, im gehörigen Zusammenhange gelesen auf ein Vorgehen, wie das der Synode, überhaupt nicht passen. Die Worte nämlich sind entnommen einem Vortrage, den Kliefoth im Jahre 1861 auf der Eisenacher Conferenz über das Verhältniß der Landesherrn als Inhaber der Kirchengewalt zu ihren Kirchenbehörden gehalten hat. Sie beziehen sich überhaupt nur auf den Fall einer Beseitigung, nicht auf den hier allein vorliegenden Fall einer bloßen Beschränkung der landesherrlichen Kirchengewalt, und auch dabei wiederum nicht auf die hier lediglich in

Frage stehende Eventualität, daß „das landesherrliche Kirchenregiment ohne Rechtsbruch, in gewissenhaft festgehaltener Rechtscontinuität und in Frieden und Ordnung beseitigt würde", vielmehr nur auf die hier außer allem Betracht liegende Eventualität, daß die Beseitigung des landesherrlichen Kirchenregiments in der Weise „der offenen oder legalen Auflehnung der Kirche gegen dies ihr bisheriges Regiment zustande käme." (S. die gedr. Prot. der Eisenacher Conferenz vom Jahre 1861, S. 98 und 99).

Will man übrigens Kliefoth's volle Willensmeinung hierbei zeigen, so darf man auch das nicht verschweigen, daß Kliefoth bei seinem Vortrage von der Voraussetzung gleichen Glaubens und Bekenntnisses des Landesherrn ausgeht. „Die Kirche", sagt er, „machte an den Landesherrn, der ihre Verwaltung überwachen sollte und wollte, den Anspruch und mußte an ihn den Anspruch machen, daß er pius magistratus in ihrem Sinne, d. h. mit ihr gleichen Glaubens und Bekenntnisses sei" (s. das. S. 82); und in der Ausübung des Kirchenregiments durch einen Landesherrn verschiedener Confession erkennt Kliefoth einen Mißstand, dem durch besondere Einrichtungen zu begegnen sei (das. S. 102). Nun das, was die Synode erreicht zu sehen wünscht, sind eben nur besondere Einrichtungen dieser Art.

Brauchte die Synode hienach nicht zu fürchten, die Sünde eines „Rechtsbruchs" oder „Aufruhrs" begangen und mit deren Folgen sich oder die Kirche belastet zu haben, so durfte sie auch durch das ihr ferner vorgehaltene Schreckbild einer „Freikirche", der man mit den Anträgen entgegeneile, und die daran geknüpfte Hinweisung auf die separirten Lutheraner in Alt-Preußen sich nicht schrecken lassen.

Was es mit einer „Freikirche" eigentlich auf sich habe, darüber herrschen freilich verschiedene und oft recht unklare Vorstellungen; und wenn eine Doctrin Recht hätte, wonach principiell eigentlich nur zwei Gestaltungen möglich wären, die eine die der alten exclusiven Territorialkirchen darauf gegründet, daß der Landesherr als bestellter Hüter auch der ersten Tafel mit der Hülfe seiner obrigkeitlichen Macht dafür zu sorgen hat, daß im ganzen Lande reine Lehre verkündet und die Sacramente richtig verwaltet werden, die andere die der Freikirche, bei welcher die Kirche rein als Privatgesellschaft (und daher selbst des nur von staatlicher Verleihung oder Anerkennung abhängigen Rechts juristischer Persönlichkeit entbehrend) dasteht und in strenger Kirchenzucht alle Ungläubige oder Unwürdige vom Kreise ihrer Mitgliedschaft ausschließen muß: so hätten wir schon lange die Gestalt der Territorialkirche verlassen und befänden uns, mit den „Anträgen" wie ohne dieselben, auf dem abschüssigen Wege zur Freikirche. Sieht man aber von willkührlichen theoretischen Aufstellungen dieser Art ab und der wahren Gestalt der Dinge in's Auge, so wird man, indem man zwar nicht verkennt, daß mit dem jetzigen Staatsverfassungsrecht einzelne nicht unwichtige Momente, welche die Exclusivität und Stabilität einer Kirche im Lande verbürgten, hinweggenommen sind, doch andererseits das anerkennen müssen, daß für die großen historischen Kirchengemeinschaften noch wichtige und wesentliche Momente geblieben sind, welche dazu genügen, deren dauernde Erhaltung im Großen und Ganzen des Volks als möglich erscheinen zu lassen, und daß danach die Auffassung berechtigt ist, welche den gegenwärtigen Zustand nicht bloß als einen solchen ansieht, von dem der Weg zu einer Freikirche der eben dargestellten Art noch weit ist, vielmehr sogar als einen Zustand, welcher überhaupt nicht dem Charakter eines, mit Nothwendigkeit zu einer derartigen Freikirche führenden Uebergangsstadiums an sich trägt.

Die Momente aber, auf welche es hiebei wesentlich ankommt, sind folgende:

Zuerst: die historische und rechtliche Continuität, die volle und allseitige Wahrung des großen Zusammenhangs mit der überkommenen Volkskirche. Schon deshalb, weil es den separirten Lutheranern in Alt-Preußen nicht möglich gewesen ist, ohne einen Bruch mit der Rechtsgestaltung der Vergangenheit ihre neue Verfassung einzurichten, können ihre Verhältnisse nicht zu einem Beispiele, das für uns paßte, genommen werden.

Sodann: der öffentlich-rechtliche Charakter, mit welchem der äußere Kirchenkörper auf der Grundlage öffentlich-rechtlich gebildeter Gemeinden staatsähnlich sich aufbaut, ein Charakter, der, wenn er auch herkömmlich Rechtsbestand erlangt hat, doch allerdings, weil er, vornehmlich mit seiner Einwirkung auf das Vermögensrecht, in das staatliche Gebiet hinübergreift, fortwährend von staatlicher Autorität mit getragen wird und durch Entziehung derselben verstört werden könnte.

Drittens: für die evangelischen Kirchen die Autorität des landesherrlichen Namens, in welchem das Regiment der Kirche geführt wird.

Von allen diesen Momenten nun wird durch die Anträge der Synode auch nicht eins in Frage gestellt. Worin sollte denn der Grund liegen, daß ihre Annahme der Freikirche entgegenführte?

Neben das Schreckbild der Freikirche hat Prof. Dove (Prot. S. 206) noch ein anderes Schreckbild gestellt, dasjenige einer **Vertauschung des Summepiscopats des Landesherrn mit demjenigen einiger Fractionen des Abgeordnetenhauses**, und gewiß würde eine solche Herrschaft ziemlich die schlimmste sein, unter welche die Kirche fallen könnte. Weshalb aber soll sie bei Annahme der „Anträge" solche besorgen müssen? Weil dabei die Mitwirkung der staatlichen Gesetzgebung, besonders soweit die Fonds in Frage kämen, erforderlich sei.

Sehen wir näher zu, so steht es hiemit so: Gesetzt zuerst den Fall, die Anträge könnten nur unter Zustimmung des Abgeordnetenhauses zur Ausführung kommen, so würde das Abgeordnetenhaus die Zustimmung entweder ertheilen oder verweigern. Ersteren Falls erreichte die Synode, was sie wollte, die Kirche wäre ein für alle Mal unabhängiger gestellt und hätte vom Einflusse des Abgeordnetenhauses künftig weniger, oder zum Mindesten doch nicht mehr, als im bisherigen Zustande, zu besorgen. Andern Falls dagegen, wenn nämlich das Abgeordnetenhaus die Zustimmung verweigerte, bliebe es einfach bei dem bisherigen Zustande. Eine Verschlimmerung des letzteren in dieser Beziehung wäre also in keinem Falle zu besorgen.

Allein das Erforderniß einer Zustimmung des Abgeordnetenhauses besteht nun auch in Wahrheit nur in Betreff einiger Nebenpunkte. Denn die beantragten kirchengesetzlichen Bestimmungen haben zu ihrem eigentlichen Gegenstande lediglich Functionen der Kirchengewalt. Namentlich ist dies oben auch in Betreff der beantragten Bestimmungen über Versetzbarkeit ꝛc. der Mitglieder des Landesconsistoriums nachgewiesen, bei welchen sonst etwa ein Zweifel darüber, ob sie nicht in Widerspruch mit den gesetzlichen Vorschriften über die im Staatsdienst stehenden Beamten treten würden, aufgeworfen werden könnte. Diese kirchengesetzlichen Bestimmungen halten sich deshalb an sich rein auf kirchlichem Gebiete und greifen nicht auf staatliches Gebiet über.

Allerdings aber nehmen sie zugleich zur Voraussetzung eine Auseinandersetzung des kirchlichen und staatlichen Gebiets, wie sie durch Art. 15 des Verfassungsgesetzes begründet ist. Man könnte daher nur fragen, ob es nicht zur Verwirklichung dieser Voraussetzung einer Mitwirkung staatlicher Gesetzgebung und somit auch des Abgeordnetenhauses bedürfe. Allein auch dies ist zu verneinen. Denn eines Theils hat die evangelisch-lutherische Kirche Hannovers mittelst ihrer Kirchenvorstands- und Synodalordnung und des in Ausführung dieser Ordnung errichteten Landesconsistoriums bereits eine, schon staatsgesetzlich anerkannte Organisation, welche sie unbestreitbar in den Stand setzt, von der durch Art. 15 zugesagten Selbständigkeit Gebrauch zu machen — und es ist nicht zu vergessen, daß sie hierin völlig anders steht, als die evangelische Staatskirche der alten Provinzen —; andern Theils zeigt das Verfahren, welches die

Preußische Staatsregierung gegen die römisch-katholische Kirche des vormaligen Königreichs Hannover beobachtet hat, unzweideutig, daß sie an sich zur Verwirklichung der Zusage des Art. 15, selbst sofern es dabei gilt, entgegenstehende ältere Gesetze außer Wirksamkeit zu stellen, den einfachen Verwaltungsweg für ausreichend erachtet.

Das Erforderniß einer Mitwirkung des Abgeordnetenhauses kann daher nur für zwei der begleitenden Anträge zugestanden werden. Von diesen steht der eine, oben besprochene, welcher die erweiterte Ueberweisung staatlicher Fonds zu eigener specieller Verwendung des Landesconsistoriums zum Gegenstande hat (s. unten in der Denkschrift sub E.), in untrennbarem Zusammenhange mit den übrigen Anträgen der Synode nicht; er steht und fällt für sich allein. Die übrigen Anträge leiden also unter der Gefahr, die ihm etwa droht, nicht im Mindesten. Der andere der beiden Anträge (s. unten sub G.) ist auf Vermehrung des Etats des Landesconsistoriums gerichtet. Für unbedingt nothwendig zur Ausführbarkeit der Anträge der Synode wird diese Vermehrung nicht zu halten sein mit Ausnahme des einen, ohnehin aber noch der Zukunft vorbehaltenen Punkts einer Erstreckung der Zuständigkeit des Landesconsistoriums auch auf die kirchlichen Vermögenssachen, die nach den zunächst beantragten kirchengesetzlichen Bestimmungen von der Competenz des Landesconsistoriums noch ganz ausgeschlossen bleiben sollen. Mithin würde auch hierin kein Grund zu befinden sein, welcher den Erlaß dieser kirchengesetzlichen Bestimmungen von den Entschließungen des Abgeordnetenhauses abhängig machte. Außerdem aber würde selbst eine Erhöhung des Etats des Landesconsistoriums nicht schlechthin auf den guten Willen des Abgeordnetenhauses gestellt sein. Der Staatsregierung steht für diesen Zweck, namentlich auch der von ihrer alleinigen Disposition abhängige allgemeine Hannoversche Klosterfonds zu Gebote, ein Fonds, der nach der letzten bekannten Uebersicht vom Jahr 1868 einen Jahresüberschuß von fast 23,000 Thaler geliefert hat und noch auf nachhaltig wachsende beträchtliche Steigerung seiner Einnahmen hoffen läßt. Die Staatsregierung wird ohne Zweifel nöthigen Falls auf diesen Fonds für den fraglichen Zweck zu greifen in der Lage sein, besonders wenn sie, dem Vorgange der früheren Hannoverschen Regierung folgend, den Fonds, so viel die Uebernahme neuer Lasten anlangt, in erster Stelle für kirchliche Bedürfnisse zu Rathe hält, insbesondere nicht die aus einer Erweiterung der Schullehrerseminare entspringenden erheblichen Mehrkosten zur Erleichterung der Staatskasse dem Klosterfonds mit zur Last legt und dem letztern nicht allein, mit vollständiger Verschonung der Staatskasse, neue außerordentliche Ausgaben für die Universität Göttingen aufbürdet.

Also auch mit diesem Schreckbilde eines Summepiscopats des Hauses der Abgeordneten ist es nichts.

Doch noch neue Gespenster sind heraufbeschworen.

Die "radicale Aenderung", die man vorhabe, setze, so behauptet Professor Dove (Prot. S. 201 u. 205), an die Stelle der beseitigten landesherrlichen Kirchengewalt "ein souveränes Landesconsistorium, das sich wesentlich durch den schlechtesten Modus, durch Cooptation, ergänze, denn etwas Anderes bedeute das verliehene Veto nicht. Zwar habe man ein Anhängsel synodaler Mitwirkung hinzugenommen; doch das sei ohne Bedeutung und bleibe vielmehr dann nur der freikirchliche Weg mit Regiment der Ausschüsse und der Wahl der Behörden etwa auf 6 Jahre, bis zu den Consistorien hinauf". "Den souveränen Consistorien ziehe er fast noch das Papstthum vor." Einem Regiment der Geistlichkeit, wie es im 16ten Jahrhundert in Pommern und Hessen sich Geltung verschafft, habe unter dem Jubel des Volks der fürstliche Absolutismus ein Ende gemacht.

Aber auch in diesen Ausführungen treten uns Uebertreibungen, Entstellungen und willkührliche, unbewiesene und unbegründete Aufstellungen entgegen.

Die "Souveränetät" des Landesconsistoriums fällt schon mit der bereits widerlegten Behauptung von der völligen oder wesentlichen Beseitigung der landesherrlichen Kirchengewalt. Das Landesconsistorium bleibt dem Landesherrn in seiner Geschäftsführung verantwortlich und erhält nur in sehr beschränktem Umfange und Maße eine Selbständigkeit des Urtheils. Bei der Autorität des Königlichen Ansehens wird es, wie mit vollstem Grunde schon auf der Synode geltend gemacht ist, noch immer ganzer Männer bedürfen, um die im Interesse der Kirche erstrebte Selbständigkeit des Urtheils Königlichen Wünschen und Urtheilen zuwider aufrecht zu halten.

Sodann aber ist auch das definitive Urtheil durch die „Anträge" nirgends ausschließlich in die Hand des Landesconsistoriums gelegt, vielmehr — abgesehen vom Urtheile über Synodalfähigkeit, bei welchem die Synoden selbst definitiv entscheiden — dem vereinigten Collegium des Landesconsistoriums und Landessynodalausschusses entweder von vorn herein oder doch in der Weise zuerkannt, daß es dem Landesherrn offen steht, auf dies Collegium zu recurriren. Die große Bedeutung dieser Einrichtung, durch welche im Anschluß an einen ähnlich bereits von der Synodalordnung behandelten Fall (Syn.-Ordn. §. 66, Nr. 2) eine organische Verbindung zwischen dem synodalen und consistorialen Elemente zu weiterer Entwickelung gelangt, läßt sich nicht einfach durch die Phrase von einem „Anhängsel synodaler Mitwirkung" „ohne Bedeutung" bei Seite schaffen.

Im Ausschusse treten 6 Stimmen zu den Stimmen des Landesconsistoriums. Für jetzt würden letztere nur die Stimmen der 5 ordentlichen Mitglieder des Landesconsistoriums sein. Sollte aber auch deren Zahl mit Erweiterung des Geschäftskreises des Landesconsistoriums demnächst auf 7 erhöht werden, oder die Vorschrift der bestehenden Geschäftsordnung, nach welcher in dem zum Vorbilde genommenen Falle des §. 66, Nr. 2 der Synodalordnung eine Vermehrung der Stimmen der Consistorialmitglieder auf 7 mittelst Zuziehung außerordentlicher Mitglieder eintreten soll, Ausdehnung auf die neuen Fälle erhalten, so würden doch mit den 6 Stimmen der Ausschußmitglieder fast eben so viele Stimmen hinzukommen, so daß, sobald nur eine Consistorialstimme den Stimmen der Ausschußmitglieder hinzutritt, diesen die Mehrheit zufällt.

Durch dieses Hinzunehmen des Synodalausschusses aber gewinnt das Landesconsistorium einer Seits einen Rückhalt, wie er der landesherrlichen Behörde zur Sicherung der erstrebten Selbständigkeit ihres Urtheils gegenüber dem Landesherrn fast unentbehrlich ist; anderer Seits wird mit Hülfe dieses synodalen Elements der Unabhängigkeit der Consistorialbehörde zugleich jede bedenkliche Schärfe genommen sowohl nach oben im Verhältniß zum Landesherrn, als nach unten im Verhältniß zu den Gemeinden.

Von „Cooptation" hier zu sprechen, ist schon deshalb unzutreffend, weil das wählende Collegium ein wesentlich verschiedenes von dem ist, für welches gewählt wird. Sucht man für eine Einrichtung, wie die beantragte ist, nach einer Analogie, so wird diese durch das Verfahren dargeboten, welches nach unserer Städteordnung bei Wahlen von Magistratsmitgliedern gilt; das Wahlcollegium wird hiebei durch die Mitglieder des Magistrats und eine gleiche Anzahl von Bürgervorstehern gebildet. Es ist noch keinem Verständigen eingefallen, diese Einrichtung als Cooptation zu bezeichnen; und im Ganzen wird man in den betheiligten Kreisen mit ihr zufrieden sein. — Aber weiter fehlt es der Institution, die hier in Frage steht, um Cooptation zu sein, noch an dem Wesentlichsten. Das vereinigte Collegium hat ja gar kein Recht der Wahl, sondern auch nach den Ausschußanträgen nur ein — noch dazu begränztes — Veto recht, der spätern Aenderung, mittelst deren lediglich das Recht vorgängigen Gehörs gewährt werden soll, ganz zu geschweigen. Nur die grundloseste Willkühr kann das so geordnete Verfahren als Cooptation bezeichnen oder dieser gleichstellen.

Die Gefahr einer Consistorial- oder vollends Geistlichkeitsherrschaft — im Landesconsistorium wie im Ausschusse ist übrigens stets, genau oder nahebei, die Hälfte der Mitglieder weltlich· — ist daher eine erträumte. Sie schwindet noch mehr im Hinblick auf die wesentlichen Rechte, welche den Gemeinden durch die Kirchenvorstands- und Synodalordnung bereits gewährt sind und auf den Einfluß insbesondere, welchen die, ebenfalls zur Hälfte aus Weltlichen bestehende, Landessynode nothwendig auf die Führung des Kirchenregiments gewinnen wird, wie auf das in Aussicht stehende, eine alternirende Besetzung der Pfarren durch Gemeindewahl und kirchenregimentliche Bestellung einführende Pfarrwahlgesetz.

Mag früher das Volk den Einzug des fürstlichen Absolutismus bejubelt und sogar ein gewisses Recht dazu gehabt haben; die Zeiten sind vorbei. Jetzt würde höchstens etwa noch ein Jubel der ungläubigen Menge, wenn die fürstliche Weltmacht zum Sturze der Kirche des Herrn mit ihr sich verbinden sollte, in Aussicht stehen.

Willkührlich für Jeden, der nicht auf dem verkehrten Standpunkte des sogenannten Gemeindeprincips im Sinne der Herrschaft der jeweiligen Mehrheit der zur Kirche äußerlich Gehörenden steht, ist ferner die Aufstellung, daß eine Beschränkung des Landesherrn in eigener Uebung der Kirchengewalt, wie solche die Synode erstrebt, nur auf dem Wege geschehen könne, daß man die Ausschüsse ins Regiment setze und die Kirchenregimentsbehörden bis oben hinauf, „etwa auf 6 Jahre", wählen lasse. Steht man mit von Scheurl auf dem Standpunkte, daß die Kirchengewalt ursprünglich für jede Kirche der Communio Sanctorum, die in ihr sich findet, zukomme, so wird man vielmehr folgerichtig die Aufgabe, welche für Gestaltung der Kirchenverfassung gestellt ist, darin zu erblicken haben, die Einrichtungen so zu treffen, daß, soweit menschliche Schwäche und Unvollkommenheit es zuläßt, durch die kirchenregimentlichen Organe möglichst sicher und vollständig dasjenige zum Ausdruck und zur Geltung gelangt, was dem Urtheile und Willen dieser gläubigen Gemeinde in der betreffenden Einzelkirche gemäß ist. Diesem Ziele nach dem Maße der zur Zeit hauptsächlich in Betracht kommenden Verhältnisse und Bedürfnisse sich zu nähern ist das

Streben, welches in den Ausschußanträgen und den Synodalbeschlüssen verfolgt wird.

Willig wird dabei eine Kritik zugelassen, welche darauf ausgeht, das Einzelne beleuchtend, darzulegen und aufzuweisen, daß die gewählten Mittel ungeeignet dazu sind, dem gesteckten Ziele wirklich näher zu kommen, und welche daneben sicherere, wirksamere, ungefährlichere Mittel zum Zwecke an die Hand giebt. Denn weit entfernt ist die Synode so gut wie deren Ausschuß von der überhebenden Meinung gewesen, mit den Anträgen und Beschlüssen, die sie nur im vollsten Gefühle ihrer menschlichen Schwäche eingebracht und gefaßt haben, Unverbesserliches und Vollkommenes zu leisten. — Leider aber hat, wie aus dem Dargelegten erhellt, die Minorität auf der Synode mehreren Theils auf eine solche Kritik überhaupt sich nicht eingelassen. Denn, was unserer Landeskirche zur Zeit noth thut, was ihre eigenthümlichen gegenwärtigen Verhältnisse und Bedürfnisse als möglich und als heilsam aufweisen, das läßt sich auch nicht aus den Institutionen der unter katholischen Landesfürsten in Sachsen, Bayern, Oesterreich stehenden evangelischen Kirchen entnehmen, auf die man in der Synode hingewiesen hat (Prot. S. 201), um das Uebertriebene der gestellten Anträge darzuthun. Die maßgebenden kirchlichen und staatlichen Verhältnisse, die hauptsächlichen Bedürfnisse und Gefahren sind zu verschieden, als daß hier berechtigte Analogieen zugelassen werden könnten. Außerdem ist es ja auch bekannt genug, daß z. B. in Bayern — wo übrigens im weiten Umfange das Ober-Consistorium die kirchlichen Angelegenheiten selbständig zu führen und der Landesherr (vergl. das Richter'sche Lehrbuch des Kirchenrechts S. 405) die von demselben beantragten Anordnungen, welche in das Gebiet der vorbehaltenen Rechte fallen, nur von dem allgemeinen bürgerlichen Standpunkte zu prüfen hat, und ihnen die formelle Sanction ertheilt, nicht aber an ihre Stelle aus eigener Macht ein neues Recht zu setzen berechtigt ist — Aenderungen gewünscht und erstrebt sind und dort nach dem

Richter-Dove'schen Lehrbuche (S. 141) „das Verlangen nach einer intensiven Verstärkung des Rechts der Synoden, ebenso wie anderer Seits dasjenige nach Beseitigung der bestehenden Ueberordnung weltlicher Behörden über die kirchlichen Organe als ein durchaus berechtigtes erscheint." Und noch weniger vollends wird die Oesterreichische Einrichtung, nach welcher der Kaiser alle Mitglieder der obersten Kirchenbehörde frei ernennt, obwohl in Oesterreich „auf den Rechtstitel der Verfolgung ein landesherrliches Kirchenregiment nicht hat begründet werden können", irgendwie als vorbildliches Muster für Einrichtungen unserer lutherischen Landeskirche aufgestellt werden dürfen, abgesehen ganz davon, daß um den Umfang der landesherrlichen Rechte gründlich zu beurtheilen nicht übersehen werden darf, daß die untern Organe des Kirchenregiments nach der Oesterreichischen Kirchenverfassung sämmtlich aus Wahlen hervorgehen (vergl. Richter l. c. S. 406 u. 199).

Daß der Verlauf der Verfassungsbildung organisch geschehe, d. h., daß die neuen Einrichtungen, durch die Autorität der zu ihrer Aufrichtung legimirten Organe in's Leben gerufen, in den ganzen Zusammenhang der bestehenden Ordnungen zweckmäßig eintreten, auch ohne unnatürlichen Sprung in stufenweiser Entwicklung daran anschließen, das erkennen auch wir als eine berechtigte Forderung. Wir meinen aber zugleich, daß diese Forderung bei den Ausschußanträgen und den Synodalbeschlüssen ihre vollständige Erfüllung gefunden habe. Möchte allerdings in ruhigeren Zeiten und ohne die gewaltigen politischen Umwälzungen und deren Rückwirkung auf die Kirche ein langsameres Fortgehen mit kirchlichen Neuerungen nach der erst eben zu voller Wirksamkeit gelangten neuen Synodalordnung zweckmäßig haben erscheinen können, der Drang und die Noth der außergewöhnlichen Zeiten gestatten eine bedächtige Weile nicht; und überdies läßt sich grade von denjenigen kirchlichen Organen, deren Zuständigkeiten jetzt erweitert werden sollen, dem Landesconsistorium und dem Ausschusse der Landessynode, nach menschlicher Voraussicht nicht erwarten, daß sie nach Verlauf eines Jahrzehnts oder selbst mehrerer Jahrzehnte „reifer" zur Erfüllung der neuen Aufgaben geworden seien, als sie es jetzt sind. Mürber aber und weniger widerstandsfähig gegen die auf das selbständige Leben unserer lutherischen Landeskirche anbringenden starken Mächte könnte freilich, wenn nicht rechtzeitig Hülfe und Schutz gewährt wird, bis dahin leicht Manches sich machen lassen.

Hat es die Synode erfreut und gestärkt, im Getümmel der leidenschaftlichen Angriffe, welche ihren Beschlüssen widerfahren sind, auch die volle Zustimmung eines außerhalb des Streits stehenden, in der deutschen lutherischen Kirche durch charaktervolle Gesinnung, warme Liebe zur lutherischen Kirche und vorzügliche Einsicht in ihre Verhältnisse ausgezeichneten und hochgeachteten Mannes, des Oberconsistorial-Präsidenten von Harleß in München zu vernehmen, so mag es auch hier wohl am Orte sein, dieser Zustimmung noch zu gedenken. „Einer eingehenderen Besprechung" der Ausschußanträge, so schreibt von Harleß, „glaube ich mich insofern enthalten zu dürfen, als ich den Gesammtinhalt derselben als Ausdruck dessen anerkenne, was Ihr in Hannover zur Erhaltung Eurer confessionell-kirchlichen Selbständigkeit begehren müßt. Zum Anwalt der Rechte und Ansprüche der lutherischen Gesammtkirche Deutschlands könnt Ihr Euch nicht aus eigener Machtvollkommenheit aufwerfen. Womit ich bloß gesagt haben will, daß das von Euch Erstrebte natürlich nicht identisch mit dem ist, was für die lutherische Kirche sowohl in Preußen als anderwärts erstrebt werden muß, und warum Euch aus dieser Nicht-Identität kein Vorwurf erwachsen kann. Nur das möchte ich bemerken, daß die Preußische Staatsregierung, wenn sie nur halbwegs ihren eigenen politischen Vortheil versteht, auf Eure Anträge eingehen muß. Eine einzige That lutherischer Rechtsanerkennung würde den enormen Schaden, welchen die geträumten Vortheile Preußischer Machtübung bereits für Preußen gebracht haben, zwar nicht an sich, wohl aber als das Symptom des Verlassens verderblicher Bahnen auf das Wirksamste auszugleichen im Stande sein. Zu irgend einer Beanstandung haben mir die „„Anträge"" nicht Anlaß gegeben".

Vielleicht ist es keine zu gewagte Hoffnung, daß selbst der Preußische Cultusminister, obwohl er freilich, nachdem erst 2 Tage zuvor die Berathung über die Ausschußanträge in der Synode ihren Anfang genommen hatte, schon von „Verirrungen und Uebertreibungen, von denen sich die Majorität der Synode habe gefangen nehmen lassen", im Berliner Abgeordnetenhause zu sprechen keinen Anstand genommen, den Anträgen der Synode Billigung zu Theil werden läßt, wenn er erst Zeit zu reiflicher Erwägung derselben auf Grund vollständiger und unpartheiischer Darlegung und Begründung derselben erhalten haben wird, und daß man überhaupt in den maßgebenden Kreisen zu Berlin mehr und mehr die Kurzsichtigkeit einer Staatspolitik anerkennen wird, welche die Interessen des Staats zu befördern vermeint, indem sie mit Unionismus und gelegentlich auch mit widerchristlichem Unglauben gegen confessionelles Lutherthum sich verbündet.

Doch ist es nicht die Adresse des Preußischen Cultusministers, an welche diese Blätter gerichtet sind. Dessen Aufklärung mag dem amtlichen Wege, in welchen wir uns einzudrängen kein Recht und keine Neigung haben, überlassen bleiben.

Die „Anträge" haben, wie schon in der Synode betont ist, neben ihrer Hauptadresse noch eine zweite Adresse, die Adresse an die lutherische Landeskirche Hannovers und an die lutherische Gesammtkirche, so weit sie zur Theilnahme an den Geschicken der Hannoverschen Landeskirche berufen ist. Von gegnerischer Seite hat man das eine Demonstration genannt und als Demonstration getadelt. Ja wohl ist es eine Demonstration und soll es eine Demonstration sein! Aber nicht, als ob es darauf abgesehen wäre, unlautere Leidenschaften aufzuregen und zu ungesetzlichem Thun anzureizen; sondern weil mit den „Anträgen" zugleich vor der Kirche ein öffentliches Zeugniß von dem abgelegt werden sollte und mußte, was die Synode — mag es gewährt werden oder nicht — zu beantragen sich verbunden erachtet hat, zum Beweise einer Seits, daß die Synode an pflichtmäßiger Wahrung der ihrer Fürsorge befohlenen kirchlichen Interessen es nicht hat fehlen lassen, zu einem Keime anderer Seits, welcher dem Wachsthum, der Pflege und der Zucht der Zukunft anvertraut wird, wenn zur Zeit die Anträge Gewährung nicht finden sollten. Denn, mag auch der jetzige Versuch, die lutherische Landeskirche selbständiger zu machen, vielleicht bald als ein ungenügender und ungeschickter erkannt und Besseres an seine Stelle gesetzt werden, ersterben wird das Streben nach dem Ziele, das er verfolgt, falls ihm kein Genüge geschieht und nicht ein gewaltiger Umschlag aller öffentlichen Verhältnisse eintritt, nicht so leicht.

Das Ziel der Anträge ist Wahrung und Mehrung der Unabhängigkeit und Selbständigkeit des besonderen Kirchenkörpers der evangelisch-lutherischen Landeskirche Hannovers.

Daß das Streben nach diesem Ziele nicht ausgegangen ist von einer übertriebenen Meinung von den Vorzügen der eigenen Kirche, brauchte hier gar nicht hervorgehoben zu werden, hätte nicht auch hierin feindliche Verdächtigung verunglimpfende Andeutungen mit der unveranlaßten Warnung „sich abzuschließen in eine allein seligmachende Kirche von Calenberg oder Bremen und Verden" (Rede des Prof. Dove, Syn.-Prot. S. 206), sich erlaubt. Ueberzeugt von der Wahrheit des evangelischen Bekenntnisses hat die Synodalmehrheit doch nie und nirgends einen unevangelischen Standpunkt bekundet, wie er mit dieser Phrase ihr untergeschoben wird.

In welchem Sinne sie aber überhaupt gegenwärtig einen relativen Abschluß namentlich gegenüber anderen lutherischen Kirchen und gegenüber den verwandten evangelischen Kirchen mit ihren Anträgen anstrebt, darüber spricht der Schluß der Sr. Majestät dem Könige von Preußen vorgelegten, hierunter abgedruckten Denkschrift so klar und deutlich sich aus, daß es am besten sein wird, hier nur darauf zu verweisen.

Alle Abschließung, welche dabei in Frage steht, bezieht sich allein auf die Rechtsgestaltung. Sie sichert der einzelnen Confessions- und Partikularkirche nur den Boden, auf welchem sie steht, ohne damit irgend das Wehen der freien Geistesluft zu hemmen, das durch die Kirchen aller Bekenntnisse und Länder hindurchgeht und dem sich jede Kirchengemeinschaft offen halten muß, will sie frisches Leben sich bewahren.

Sie hindert selbst und erschwert nicht einmal das künftige Eingehen engerer oder loserer Rechtsverbindungen mit andern Kirchengemeinschaften; nur daß die Kirche nicht unmerklich und wider ihren Willen hineingezogen werden kann, sondern, wie recht und billig, das Kirchenregiment nur im Einverständniß mit der Landessynode damit vorzugehen vermag.

Welche größere gemeinsame Gestaltungen aber dann etwa zu wünschen und anzubahnen sind, die Frage zu beantworten mag der Zukunft überlassen bleiben.

Des Verfassers persönliche Ueberzeugung freilich — wenn es gestattet ist, solche hier noch anzudeuten — geht für jetzt dahin, daß wahre Freiheit und frisches Leben der evangelischen Kirchen nicht auf dem Wege eines Zusammenschlusses in großartiger centralisirender Verfassung zu suchen sind. Eine Centralisirung ohne zarte schonende Rücksicht auf die mannigfache Gestaltung des Lebens wird sich auf dem Gebiete der Kirche noch schädlicher erweisen als auf dem des Staats. Die Gefahr eines Staatsregiments ist außerdem da am Größten, wo das Kirchengebiet mit dem Gebiete des Staats (oder Staatenbundes — Nordbundskirche), der Sitz des Kirchenregiments mit dem des Staatsregiments zusammenfällt, und es ist ein katholisirender Irrthum zu meinen, daß ein großartiger Zusammenschluß zu einheitlichem Rechtskörper den evangelischen Kirchen Noth thue, um nicht im Kampfe, den die evangelische Wahrheit und der evangelische Glauben gegen Rom führen, zu unterliegen. Eine Kirche von dem Umfange der lutherischen Landeskirche Hannovers hat auch genügende Elemente und Kräfte in sich, um einen individuellen kirchlichen Rechtskörper mit eigenem Centrum des Regiments zu bilden. Sie wird gut thun, dies Centrum eigenen selbständigen Regiments nicht ohne Noth aufzugeben, so sehr es sich auch empfehlen mag, daß sie mit Schwesterkirchen gleichen evangelisch-lutherischen Glaubens oder auch mit Kirchen verwandten evangelischen Glaubens bereitwillig Verbindungen eingeht, je nachdem das gemeinsame Interesse solche an die Hand giebt, und dabei, soweit es zur Förderung dieses gemeinsamen Interesses dient, in der einen oder andern bestimmten Beziehung von ihrer Selbständigkeit ohne Bedenken opfert. Die Verschiedenartigkeit des Confessionsstandes, der landeskirchlichen Verhältnisse ꝛc. wird bei solchen auf die Gränzen des Staatsgebiets, des Bundesgebiets oder selbst der Nationalität nicht eingeschränkten Verbindungen die vollste Berücksichtigung erfordern, aber auch finden können, wenn so das Centrum selbständiger Stellung gewahrt ist.

Doch dies sind nur vorläufige Ansichten und ungenügende Andeutungen über die verschiedenen Wege, die in Zukunft in weiterer Entwickelung kirchlicher Verfassungsgestaltungen etwa eingeschlagen werden könnten. Von dem Urtheile über ihren Werth hängt dasjenige über den Werth der besprochenen Ausschußanträge und Synodalbeschlüsse nicht ab.

Nur deren Inhalt und Bedeutung sollten diese Blätter darlegen. Haben sie diesen Zweck erreicht, damit in das richtigere und vollere Verständniß der nunmehr folgenden Actenstücke eingeführt und dem Leser zu deren gerechter Würdigung die Grundlagen dargeboten, so ist ihre Aufgabe erfüllt.

Adresse der Landessynode an Se. Majestät den König!

Die evangelisch-lutherische Landessynode zu Hannover dankt für die Allerhöchste Eröffnung vom 8. December 1866 und bittet allerunterthänigst um weiteren Ausbau der Verfassung der evangelisch-lutherischen Kirche des vormaligen Königreichs Hannover.

Hierneben als Anlage eine Denkschrift.

Hannover, den 10. December 1869.

Allerdurchlauchtigster Großmächtigster König!
Allergnädigster König und Herr!

Die evangelisch-lutherische Kirche des vormaligen Königreichs Hannover hat in der von Ew. Majestät dem hiesigen Landes-Consistorium unterm 8. December 1866 gegebenen Erwiederung die gnädige Anerkennung ihres Bekenntnisses und ihrer Verfassung und die huldreiche Zusage Allerhöchsten Schutzes und Allerhöchster Förderung in friedlicher, durch keine Beunruhigung der Gewissen gestörter Entwickelung ihres Glaubenslebens und in weiterer Durchführung ihrer Verfassung erhalten.

Ew. Majestät haben damit in einer Zeit, da eine weitverbreitete Ansicht durch die in den staatlichen Verhältnissen eingetretene Aenderung auch die Ordnungen unserer Kirche in Frage gestellt wähnte, offenen und freien Blickes das Rechte erkannt und durch den vorbehaltlosen Ausspruch desselben schwerer Besorgniß ein ersehntes Ziel gesetzt. Ew. Majestät bezeugen auch wir dafür allerunterthänigst unsern tiefgefühlten Dank.

Der gnädig unserer Kirche zugeneigte Wille Ew. Königlichen Majestät ermuthigt uns aber auch, vor den Stufen des Allerhöchsten Thrones freimüthig diejenigen — in der angeschlossenen Denkschrift näher bezeichneten und begründeten — ehrfurchtsvollen Wünsche und Bitten niederzulegen, um deren Prüfung — und so weit möglich — huldreiche Gewährung für die Kirche, deren Interessen uns wahrzunehmen obliegt, wir Ew. Majestät in Unterthänigkeit zu bitten uns verpflichtet halten.

Wir bitten zunächst im Interesse unserer evangelisch-lutherischen Landeskirche, aber auch in der Ueberzeugung, damit nicht minder den Frieden zwischen Staat und Kirche und die Bande der Gemeinschaft und der Eintracht mit den Glaubensgenossen und den Glaubensverwandten zu fördern und deshalb zugleich den Interessen des Staats, wie anderer evangelischen Kirchengemeinschaften zu dienen.

Was wir in Ehrfurcht wünschen und erstreben, ist im Wesentlichen ein Doppeltes.

Zuerst: die Beseitigung einer mit den Grundsätzen einer richtigen kirchlichen Verfassung nicht wohl vereinbaren und unter den gegenwärtigen Verhältnissen die Unabhängigkeit unserer Kirche gefährdenden kirchlichen Zuständigkeit des Cultus-Ministeriums.

Diese unsere Wünsche finden eine Stütze in dem Art. 15 der Verfassungsurkunde für den Preußischen Staat.

Sodann: die Aufrichtung gewisser Ordnungen, durch welche dem kirchlichen Urtheile, wie solches in den obersten Organen unserer Kirchengemeinschaft, namentlich dem Landesconsistorium und dem Ausschusse der Landessynode, sich bezeugt, ein angemessenes Feld freien Wirkens und die wünschenswerthe Berücksichtigung bei den Allerhöchsteigenen Entschließungen des Allerdurchlauchtigsten Inhabers der Kirchengewalt gesichert ist.

Wohl sind wir uns bewußt, daß wir bei diesem zweiten Punkte unserer Anliegen auf keinen Artikel kirchlicher oder staatlicher Verfassung uns berufen können. Es ist die freieste, durch keine Satzung positiven Rechts beengte Entscheidung Ew. Königlichen Majestät, die wir anrufen und der wir uns zu unterwerfen haben, wie sie auch ausfalle.

Aber je ferner uns die Tendenz einer Verkümmerung landesherrlichen Kirchenregiments liegt; je aufrichtiger und lebendiger vielmehr unser Streben darauf gerichtet ist, dies Regiment unserer Kirche zu deren Besten zu erhalten, um so weniger haben wir auch Bedenken tragen dürfen, von Ew. Majestät solche Ordnungen für die Führung dieses Regiments zu erbitten, welche wir für die Kirche heilsam und für dauernde Erhaltung des landesherrlichen Kirchenregiments selbst dienlich erachten müssen, und um so vertrauensvoller auch legen wir die Entscheidung über diese unsere Bitten in Ew. Majestät Hand.

Daß „die Herzen frei und unbeirrt" bleiben sollen, ist der huldreich ausgesprochene Wille Ew. Majestät Allerhöchstselbst. Auch wir erstreben mit der gewünschten Entwickelung und Vervollkommnung kirchlicher Verfassung nur dasselbe, nämlich daß die Herzen frei und unbeirrt bleiben mögen und — was dazu gehört — daß sie auch frei und unbeirrt sich wissen und fühlen: gleich Ew. Königlichen Majestät davon überzeugt, daß in solcher Stellung am Freudigsten und Unverkümmertsten das Gemeinsame evangelischer Wahrheit in Liebe gesucht und gepflegt werden kann, weil darin auch der Segen der im besondern Glauben festgehaltenen Heilswahrheit am Fruchtbarsten sich entfaltet.

Geruhen Ew. Majestät deshalb — so bitten wir in tiefster Unterthänigkeit — unsere ehrfurchtsvollen Wünsche und Anliegen gnädig entgegenzunehmen und dieselben mit Beirath unseres Landesconsistoriums, welches in der Lage ist, Grund und Bedeutung unseren Bitten eingehender zu erläutern, huldreichster Prüfung zu unterziehen.

In tiefster Unterthänigkeit

Die Landessynode der evangelisch-lutherischen Kirche des vormaligen Königreichs Hannover.
von Wangenheim.

Anlage zur Immediatvorstellung der hannoverschen Landessynode vom 10. December 1869.

Denkschrift,

betreffend

die Kirchenregierung in der evangelisch-lutherischen Kirche des vormaligen Königreichs Hannover.

Hannover, 10. December 1869.

Die Landessynode, laut der Synodalordnung dazu berufen, das kirchliche Interesse durch Beachtung und Erwägung der Zustände und Verhältnisse der hannoverschen Landeskirche, sowie durch Einbringung darauf bezüglicher Anträge oder Beschwerden, beides im Gebiet der kirchlichen Verwaltung wie Gesetzgebung wahrzunehmen, hat, durch die Erfahrungen der letzten Jahre aufmerksam gemacht, für ihre ernste Pflicht erkannt, die Einrichtung des obersten Regiments der hannoverschen Landeskirche sorgsam zu prüfen und darnach die Ueberzeugung gewonnen, daß der Erlaß neuer kirchengesetzlicher Vorschriften über die Einrichtung dieses Regiments zu erbitten ist, um der evangelisch-lutherischen Kirche Hannovers eine Regierung zu sichern, welche vor jeder der Kirche fremdartigen politischen Beeinflussung geschützt, in voller Treue gegen den Glauben dieser Kirche nur demjenigen, was zu ihrem Wachsthum dient, nachtrachtet.

In ihrer Kirchenvorstands- und Synodalordnung, dem Staatsgesetze, welches diese Ordnung anerkennt und deren weitere Entwickelung dem dafür zuständigen, in ihr selbst vorgesehenen Wege der Kirchengesetzgebung überläßt, und dem in Ausführung der Synodalordnung als oberste Kirchenbehörde eingerichteten Landes-Consistorium hat die hannoversche Kirche eine feste Grundlage kirchlicher Rechtsordnung gewonnen, auf welcher stehend sie in die durch die Verfassungsurkunde des Preußischen

Staats zugesagte Selbständigkeit sofort einzutreten befähigt ist. Die Landessynode will diese Grundlage nicht verlassen, sie muß aber unter den gegenwärtigen Verhältnissen wünschen, von derselben aus die regimentlichen Einrichtungen in dem Sinne der Erreichung vollerer Selbständigkeit weiter entwickelt zu sehen.

Das Erste, was die Landessynode hienach erstrebt, ist eine Ausdehnung des Zuständigkeitskreises der obersten Kirchenbehörde, des Landes-Consistoriums, von dem engen Kreise der bisher ihm zugewiesenen kirchlichen Interna auf das übrige Gebiet der kirchlichen Regierung, eine entsprechende Einschränkung der Zuständigkeit des Cultus-Ministeriums, Beseitigung der bisherigen formellen Ueberordnung des letzteren über das Landesconsistorium und Herstellung eines unmittelbaren Verkehrs zwischen dem Landesconsistorium als oberster landesherrlicher Kirchenbehörde und Sr. Majestät dem Könige als Inhaber der Kirchengewalt.

Die Landessynode wird hiezu durch folgende Erwägungen bestimmt:

Der gegenwärtige Zustand, in welchem das Cultus-Ministerium, eine der Kirche nicht verpflichtete, nicht nach kirchlicher Ordnung und nach kirchlichem Interesse eingerichtete und besetzte Staatsbehörde, in einer ganzen Reihe kirchlicher Angelegenheiten thatsächlich die Stellung einer obersten kirchlichen Instanz einnimmt, kann anerkanntermaßen als ein kirchlich correcter nicht gelten.

Schon mit dem in dem hannoverschen Verfassungsrechte niedergelegten Grundsatze:

„In der evangelischen Kirche werden die Rechte der Kirchengewalt vom Könige, soweit es die Kirchenverfassung mit sich bringt, unmittelbar oder mittelbar durch die Consistorial- oder Presbyterial-Behörden, welche aus evangelischen geistlichen und weltlichen Personen bestehen, unter Königlicher Oberaufsicht ausgeübt" 2c.

ist dieser Zustand nur auf eine sehr gekünstelte Weise in Einklang zu bringen, und auch ohne die im Jahre 1866 erfolgte große politische Umwälzung würde im Verlauf der kirchlichen Entwickelung die bisherige Stellung des Cultusministeriums voraussichtlich mehr und mehr als unhaltbar sich erwiesen haben.

Noch weniger ist sie nach den Umgestaltungen, welche jene politische Umwälzung im Gefolge gehabt hat, mit der Selbstständigkeit der Kirche vereinbar.

Der leichte mündliche Verkehr zwischen Cultusministerium und Landesconsistorium, auf welchen die gegenwärtige Einrichtung berechnet war, ist unmöglich geworden, dazu das erstere den Personen und Verhältnissen, um die es sich handelt, fern gerückt.

Beim hannoverschen Cultusministerium hatte die lutherische Kirche so gut wie ausnahmslos eine Behandlung und Entscheidung ihrer Angelegenheiten durch Angehörige der eignen Kirchengemeinschaft zu erwarten; jetzt sieht sie sich einem Ministerium gegenüber, das aus Gliedern der unirten Kirche besteht und voraussichtlich immer bestehen wird, so daß thatsächlich ein großer Theil ihrer Angelegenheiten in oberster Instanz sogar durch eine unirte Behörde entschieden wird.

Die Unabhängigkeit vom Ministerium, welche dem Landesconsistorium verordnungsmäßig sachlich innerhalb seines Geschäftskreises, der formellen Unterordnung ungeachtet, zugestanden ist, wird erfahrungsmäßig unter den veränderten politischen Verhältnissen durch das Uebergewicht gefährdet, welches dem Cultusministerium seine formelle Ueberordnung in Verbindung mit seiner näheren Stellung zum Ohre Sr. Majestät des Königs verleiht.

Sieht so die Kirche einerseits ihre Unabhängigkeit und ihr Interesse beeinträchtigt und bedroht, so wird ihr andererseits in dem Art. 15 der Verfassungs-Urkunde für den Preußischen Staat ein neuer Stützpunkt geboten für die Bitte, daß die mit einer selbstständigen Ordnung und Verwaltung ihrer Angelegenheiten unvereinbare Zuständigkeit des Cultusministeriums zur Ausübung kirchlicher Gewalt beseitigt werde.

Die Landessynode glaubt diesen Artikel für die von ihr vertretene hannoversche Landeskirche in Anspruch nehmen zu dürfen, sei es, daß man dieselbe nach dem Sinne dieser Gesetzesvorschrift als inbegriffen in die daselbst genannte „evangelische Kirche" erachtet, obwohl sie einen individuellen, namentlich mittelst der legislativen Landessynode und der besonderen obersten Kirchenbehörde, dem Landesconsistorium, in sich geschlossenen und mit der unirten Landeskirche Preußens nicht weiter als durch die Identität des obersten Inhabers der Kirchengewalt in Verbindung stehenden Kirchenkörper bildet, sei es, daß man sie grade dieser ihrer Stellung wegen den „anderen Religionsgesellschafen", welchen der Verfassungs-Artikel gleiche Selbständigkeit zusagt, beizählen zu müssen meint. Und, wenn hie oder da wohl Stimmen laut geworden sind, als habe die evangelisch-lutherische Kirche Hannovers, um die durch die Verfassung verheißene Selbständigkeit für sich verlangen zu können, zuvörderst ihre Geschlossenheit aufzugeben und sich der unirten Landeskirche Preußens als Glied einzufügen zu lassen, damit sie dann an der dieser unirten Landeskirche zukommenden Selbständigkeit als deren Glied theilnehme, so vermag die Landessynode hierin nur eine Verkehrung des Sinnes der Verfassungs-Vorschrift zu erblicken, durch welche die Normen, die dazu bestimmt sind, kirchliche Selbständigkeit zu gewähren und zu sichern, dazu mißbraucht werden, kirchliche Selbständigkeit zu schwächen und zu zerstören.

Die coordinirte Stellung der obersten Kirchenbehörde zum Cultusministerium und die Unmittelbarkeit des Verkehrs der ersteren mit Sr. Majestät dem Könige besteht schon lange für den Oberkirchenrath in Berlin, obwohl der unirten Landeskirche Preußens die Vorbedingungen für Gewährung der verfassungsmäßigen Selbständigkeit noch fehlen. Sollte der obersten Kirchenbehörde der evangelisch-lutherischen Landeskirche Hannovers, für welche jene Vorbedingungen bereits gegeben sind, unserm Landesconsistorium, versagt werden, was der obersten Kirchenbehörde der evangelischen Kirche der alt-preußischen Provinzen, dem Ober-

Kirchenrathe gewährt ist? Der Umstand allein, daß die vom Ober-Kirchenrathe vertretene Kirche größer ist und mehrere Provinzen umfaßt, vermag dies doch nicht zu rechtfertigen; und, wenn allerdings das Landesconsistorium seinen Sitz nicht in Berlin, sondern in Hannover hat und behalten muß, so darf auch hieraus ein erhebliches oder gar ein entscheidendes Bedenken gegen den unmittelbaren Verkehr des Landesconsistoriums mit Sr. Majestät dem Könige nicht entnommen werden, weil die Fälle, in denen die Entschließung Sr. Majestät eingeholt werden muß, immer nur seltene sein werden, weil ferner in vielen derselben schriftliche Berichtserstattung ausreicht und, wo es danach noch mündlichen Vortrags bedürfen sollte, durch die Eisenbahn-Verbindung solcher ohne nennenswerthe Schwierigkeit bewirkt werden kann.

Schon haben die hannoverschen Bischöfe sich beeilt, von dem Art. 15 der Verfassungs-Urkunde für die römisch-katholische Kirche innerhalb des vormaligen Königreichs Hannover Nutzen zu ziehen, und glaubhaftem Vernehmen nach hat das Cultusministerium hiebei den Verwaltungsweg für ausreichend gehalten, selbst um Staats-Gesetze und Königliche Verordnungen, welche mit den in der Verfassungs-Urkunde niedergelegten Grundsätzen streiten, außer Wirksamkeit zu setzen. Es ist nur gleiche Gerechtigkeit, was die Landessynode für die evangelisch-lutherische Kirche beantragt; sie vertraut deshalb, daß ihre Bitte auch nur als eine billige wird erkannt werden.

Diese, aus den vorstehenden Erwägungen sich ergebende ehrfurchtsvolle Bitte der Landessynode geht aber näher dahin, daß Se. Majestät der König Allergnädigst geruhen möge, Zuständigkeit und Stellung des Cultusministeriums und Landesconsistoriums im Anschluß an die Königliche Verordnung vom 17. April 1866 behuf vollerer Entwickelung kirchlicher Selbständigkeit durch Kirchengesetz neu zu regeln im Sinne der nachfolgenden Sätze:

(§. 1 nach den Ausschuß-Anträgen.) I. Der im §. 3 der Königlichen Verordnung, betr. die Errichtung eines evangelisch-lutherischen Landes-Consistoriums zu Hannover vom 17. April 1866, bestimmte Geschäftskreis des Landesconsistoriums wird dahin erweitert, daß dasselbe neben den im §. 3 der Verordnung ihm zugewiesenen Angelegenheiten die gesammte bisher noch vom Cultusministerium geübte Zuständigkeit zur Ausübung der Kirchengewalt in der evangelisch=lutherischen Kirche des vormaligen Königreichs Hannover erhält, mit vorläufiger Ausnahme jedoch:

1) der Angelegenheiten, welche das Parochial=Kirchenvermögen und die vermögensrechtlichen Verhältnisse der Kirchengemeinden betreffen;
2) der Angelegenheiten derjenigen niedern Kirchendiener, deren Kirchendienst mit einem Schuldienste verbunden ist.

Dabei wird näher bestimmt:

   a. Hinsichtlich der Bewilligung von Kirchencollecten zum Besten einzelner Kirchengemeinden der evangelisch-lutherischen Kirche Hannovers bleibt die bisherige Zuständigkeit ungeändert; die Bewilligung sonstiger Kirchencollecten hängt vom Landesconsistorium ab.

   b. Die Errichtung und Veränderung von Parochien wird, vorbehältlich nur der vom Cultus=Ministerium abhängig bleibenden staatlichen Anerkennung, dem Geschäftskreise des Landesconsistoriums zugewiesen.

II. Das Cultusministerium bleibt Disciplinar= und Be-
(§. 2.) stallungsbehörde der Provinzialconsistorien, hat jedoch bei Ernennungen, Beförderungen, Gehalts= oder Remunerations=Bewilligungen und Versetzungen, welche Vorsitzende oder stimmführende Mitglieder der lutherischen Provinzialconsistorien, den Vorsitzenden oder stimmführende lutherische geistliche Mitglieder im Consistorium zu Aurich betreffen, Vorschläge an den Landesherrn nur in Gemeinschaft mit dem Landesconsistorium zu richten und

eigene Anordnungen nur im Einverständniß mit dem Landesconsistorium zu treffen.

III. Die Unterordnung des Landesconsistoriums unter das (§. 3.) Cultusministerium (§. 7 der Verordnung vom 17. April 1866) hört auf.

In den zum Geschäftskreise des Landesconsistoriums gehörenden Angelegenheiten (oben unter I.) verliert das Cultusministerium jede aus der Kirchengewalt abfließende Zuständigkeit, namentlich auch die Befugniß zu vorläufiger Anordnung bei stattfindender Gefahr im Verzuge.

Vorgängige Einsicht von Verfügungen des Landesconsistoriums zu verlangen, ist dasselbe nicht ferner berechtigt.

IV. Die landesherrliche Beschlußfassung in den einer solchen (§. 4. bedürfenden Sachen wird nicht mehr durch Vermittelung S. 2.) des Cultusministeriums, sondern vom Landesconsistorium unmittelbar erwirkt.

Die Landessynode begleitet diese Sätze noch mit folgenden Bemerkungen und Wünschen:

A. Vom Geschäftskreise des Landesconsistoriums werden nach den vorstehenden Sätzen (unter I.) vorläufig noch die Angelegenheiten, welche das Parochial-Kirchenvermögen und die vermögensrechtlichen Verhältnisse der Kirchengemeinden betreffen, ausgenommen. Die Landessynode wünscht und beantragt aber, daß die Königliche Kirchenregierung näher prüfen wolle, unter welchen Bedingungen auch in diesen Angelegenheiten die normale Zuständigkeit des Landesconsistoriums als oberster Kirchenbehörde für Ausübung der Kirchengewalt an Stelle der bisherigen anomalen Zuständigkeit des Cultusministeriums gesetzt werden könne, unbeschadet der ungeschmälerten Zuständigkeit des letztern für Ausübung der concurrirenden Staatsgewalt (Kirchenhoheit), und daß der nächsten Versammlung der Landessynode das Ergebniß dieser Prüfung vorgelegt werde.

B. Die unter I. gemachte fernere Ausnahme wegen der

Angelegenheiten derjenigen niederen Kirchendiener, deren Kirchendienst mit einem Schuldienste verbunden ist, hat die Fortdauer der bisherigen Zuständigkeit der Hannoverschen Consistorien und ihrer Schulabtheilungen in Schulsachen zur Voraussetzung.

C. Wenn wie verlautet, die im §. 7 der Königlichen Verordnung vom 17. April 1866 in Bezug genommene Vorschrift über das Erforderniß staatlicher Bestätigung von Disciplinarstraferkenntnissen, welche auf Entlassung von Predigern oder höheren Geistlichen lauten, vom Cultusministerium gegenüber der römisch-katholischen Kirche für außer Kraft getreten bereits erklärt ist, so darf die Landessynode hoffen und bitten, daß der evangelisch-lutherischen Kirche Hannovers gegenüber ebenso verfahren werde.

D. Die Landessynode betrachtet als selbstverständlich, daß mit einer Beseitigung der Unterordnung des Landesconsistoriums unter das Cultusministerium Bestimmungen, welche einfach als Ausflüsse dieser Unterordnung zu betrachten sind — wie sie namentlich in der provisorischen Geschäftsordnung des Landesconsistoriums und in der, die theologischen Prüfungen betreffenden Verordnung vom 4. Mai 1868 sich finden — außer Kraft zu treten haben würden.

Damit unsere evangelisch-lutherische Landeskirche volle und wirkliche Selbständigkeit erlange und bewahre, ist nach dem Erachten der Landessynode neben dem bisher Erörterten ein Zweites nöthig, nämlich die Aufrichtung gewisser Ordnungen für Ausübung der landesherrlichen Kirchengewalt selbst, und zwar über dasjenige hinaus, was das bisherige Recht und namentlich die Synodalordnung hierin bereits festgesetzt hat.

Ob eine Aufrechthaltung des landesherrlichen Kirchenregiments mit der Selbständigkeit der Kirche überhaupt vereinbar sei, wird bekanntlich bestritten und es ist eine notorische Thatsache, daß Seine Majestät, König Friedrich Wilhelm IV., den Wunsch ausgesprochen hat, die Kirchengewalt in die „rechten

Hände", nämlich in die Hände eigentlich kirchlicher Beamten, niederlegen zu können.

Die Landessynode indeß erachtet ein Aufgeben der landesherrlichen Kirchengewalt keineswegs als nothwendig, wünscht vielmehr dringend, dieselbe dauernd der Kirche zu erhalten, und erachtet nur das im Einklange mit angesehenen und besonnenen Lehrern des Kirchenrechts und im Hinblick auf den ganzen neueren Verlauf des kirchlichen Verfassungslebens zu heilsamer kirchlicher Ordnung für nöthig, daß — so weit thunlich unter Einführung und Einfügung synodaler Elemente — die Unabhängigkeit der kirchlichen Behörden gestärkt und ihre den kirchlichen Rücksichten vollständig genügende Besetzung mehr gesichert werde.

Das Bedürfniß, hierin Recht und Interesse der Kirche durch neue Normen zu wahren, hat nach den Ereignissen und Erfahrungen der letzten Jahre als ein unabweisliches und dringendes sich erwiesen.

Eines Theils nämlich ist das politische Interesse ein so überragendes und alle öffentlichen Verhältnisse dermaßen beherrschendes geworden, daß — noch die neuesten Verhandlungen im Abgeordnetenhause zu Berlin geben hiefür Zeugniß — es der sorgsamsten Vorsorge bedarf, um zu verhüten, daß nicht die Kirche unter der Form des landesherrlichen Kirchenregiments in Wahrheit, mehr oder minder, von einem Staatsregimente beherrscht werde.

Andererseit befindet sich die lutherische Kirche der drohenden Gefahr einer Untergrabung und Auflösung durch die Union gegenübergestellt. Bei allem Vertrauen in die gnädige Zusage Seiner Majestät des Königs, die Union nicht aufzwingen zu wollen, muß die Landessynode diese Gefahr als bestehend und bedeutend erkennen.

Der großen und gewaltigen, die Traditionen, Stimmungen und Bestrebungen fast aller herrschenden Kreise des Preußischen Staats durchziehenden Strömung zur Unirung der evangelischen

Kirchen muß sie besondere Schutzdämme entgegenzusetzen bemüht sein, will sie, ihrer Pflicht gemäß, die Heiligthümer göttlicher Wahrheit, wie sie solche erkennt und bekennt, voll erhalten und bewahren.

Handelte es sich nun bei der landesherrlichen Kirchengewalt um e i g e n e Rechte Seiner Majestät des Königs, so müßte die Landessynode freilich ängstlicher sein, Anträge auf deren Beschränkung zu richten, wenngleich sie das strengste Maß des Nothwendigen dabei einzuhalten allenthalben sich bemüht hat und wenngleich sie urtheilt, daß rechtzeitige weise Beschränkung dieser Gewalt allein deren dauernde Erhaltung ermöglichen kann. Da aber nicht eigene Rechte des Landesherrn in Frage stehen, sondern nur Rechte eines Dienstes, welcher dem himmlischen Herrn der Kirche geleistet wird, so kann die Landessynode keinerlei Grund befinden, mit solchen Anträgen zurückzuhalten, nachdem sie die Ueberzeugung gewonnen hat, daß mit deren Gewährung das Beste der Kirche, deren Vertretung ihr obliegt, gefördert wird, und sie glaubt auch getrost vertrauen zu dürfen, daß, wenn sie diese Anträge stellt, kein Vorwurf sie treffen kann, als gelüste ihr nach einem Eingriffe in begründete Herrschergewalt.

Voll Vertrauen auf die gnädige Gesinnung Sr. Majestät unterbreitet sie deßhalb auch ihre hierauf bezüglichen unterthänigen Wünsche der Allerhöchsten Prüfung und Entscheidung. Sie sind in den unter V—IX nachfolgenden Sätzen ausgedrückt:

V. Das Erforderniß landesherrlicher Beschlußfassung in ten (§. 4. zum Geschäftskreise des Landesconsistoriums gehörenden S. 1.) Angelegenheiten bleibt auf diejenigen Fälle beschränkt, in welchen dasselbe bisher begründet ist.

VI. Der Landesherr wird vor Ernennung des Vorsitzenden (§. 5.) und der stimmführenden ordentlichen und außerordentlichen Mitglieder des Landesconsistoriums, der Vorsitzenden und stimmführenden Mitglieder der lutherischen Provinzialconsistorien, des Vorsitzenden und der stimmführenden lutherischen geistlichen Mitglieder des Consistoriums zu Aurich, das vereinigte Collegium der Mitglieder des Landesconsistoriums und des Ausschusses der Landessynode (vergleiche §. 66 Nr. 2 der Synodalordnung) darüber hören, ob dasselbe die Ernennung für unbedenklich nach Recht und Interesse der Kirche erkennt.*)

Der Vorsitzende und die stimmführenden ordentlichen Mitglieder des Landesconsistoriums können außer im Wege des Disciplinarverfahrens und abgesehen von dem Falle einer durch körperliche oder geistige Unfähigkeit begründeten Versetzung in den Ruhestand wider ihren Willen weder auf eine andere Stelle versetzt, noch sonst ihres Dienstes enthoben werden, wenn nicht dasselbe vereinigte Collegium zustimmt.

VII. Der Landesherr ernennt die nach §. 58 Nr. 5 der
(§ 6.) Synodalordnung abzuordnenden Mitglieder der Landessynode unter Beirath des Landesconsistoriums.

VIII. Die der Kirchenregierung nach §. 71 der Synodalord-
(§. 7.) nung zustehende Entscheidung über Synodalfähigkeit hat in oberster Instanz das Landesconsistorium selbständig zu treffen.

IX. Pfarrgeistliche, Superintendenten und General-Super-
(§. 8.) intendenten werden auf landesherrlich zu besetzende Stellen

---

*) Nach den Ausschußanträgen lautete die entsprechende Bestimmung so: „Die landesherrliche Ernennung des Vorsitzenden und der stimmführenden ordentlichen und außerordentlichen Mitglieder des Landesconsistoriums, der Vorsitzenden und stimmführenden Mitglieder der lutherischen Provinzialconsistorien, des Vorsitzenden und der stimmführenden lutherischen geistlichen Mitglieder des Consistoriums zu Aurich ist dadurch bedingt, daß das vereinigte Collegium der Mitglieder des Landesconsistoriums und des Ausschusses der Landessynode (vgl. §. 66 Nr. 2 der Syn.-Ordn.) die Ernennung für unbedenklich nach Recht und Interesse der Kirche erklärt hat."

vom Landesconsistorium oder mit dessen Zustimmung ernannt.

In Angelegenheiten, welche die Lehre der Kirche, die Seelsorge oder den Cultus betreffen, ergehen landesherrliche Anordnungen oder Entscheidungen vorbehältlich eines durch Zustimmung der Landessynode bedingten Vorgehens im Wege kirchlicher Gesetzgebung mit Zustimmung des Landesconsistoriums.

Dasselbe gilt für landesherrliche Verfügungen, durch welche über die Geschäftsordnung des Landesconsistoriums bestimmt werden soll.

Doch kann in allen diesen Fällen, wenn das Landesconsistorium zuzustimmen Bedenken trägt, vom Landesherrn das Erachten des unter VI. bezeichneten vereinigten Collegiums erfordert werden. Geschieht dies, so ersetzt die Zustimmung des letzteren diejenige des Landesconsistoriums.

Die Landessynode ertheilt für den Fall, daß es dem Allergnädigsten Willen Sr. Majestät des Königs genehm sein sollte, die im Vorstehenden unter I—IX. vorgetragenen Sätze kirchengesetzlich zu sanctioniren, einem darüber zu erlassenden Kirchengesetze ihre Zustimmung und erklärt zugleich im Voraus, daß sie auch der Erlassung eines Kirchengesetzes, durch welches nur einem Theile dieser Sätze Gesetzeskraft verliehen wird, unter der Voraussetzung beistimmt, daß der darüber vorgängig zu hörende (ständige) Synodalausschuß die Erlassung für unbedenklich erklärt.

Die Landessynode schließt hieran noch folgende Bitten:

E. Je wichtiger für eine wirkliche Selbständigkeit der Kirche es ist, daß die zu ihrem Bestehen und Gedeihen nöthigen Mittel ihren eigenen Organen zur Verfügung stehen, um so dankbarer hat die Landessynode zu erkennen, daß bereits dem Landesconsistorium im Pfarrverbesserungsfonds, ein Theil der Regierungsmittel, welche für die hannoversche lutherische Landeskirche ausgesetzt sind, zu eigener Verfügung überlassen ist, und daß in dem der Landessynode vorgelegten Entwurfe einer Emeritirungsordnung eine weitere feste Ueberweisung solcher Mittel zum Besten dieser Kirche in Aussicht genommen ist; um so dringender hat sie aber auch zu wünschen, daß in möglichst weitem Umfange die gedachten Mittel, namentlich die in der Staatscasse und im hannoverschen allgemeinen Klosterfonds für die genannte Kirche bestimmten Beträge in jährlichen Generalsummen zu eigener specieller Verwendung nach Maßgabe der allgemeinen Verwendungsbestimmungen — auch, soviel namentlich den allgemeinen Klosterfonds betrifft, möglichst sogleich unter Zusicherung einer verhältnißmäßigen Steigerung dieser Beträge beim Anwachsen der verwendbaren Mittel des Klosterfonds — dem Landesconsistorium überwiesen werden. Die Landessynode bittet daher die Königliche Kirchenregierung, die geeigneten Schritte zur Erreichung dieses Zieles zu thun und der nächsten Versammlung mitzutheilen, was in dieser Beziehung geschehen ist.

F. Das große Interesse, welches die hannoversche lutherische Kirche an dem zur Versorgung ihrer stetig wachsenden und bisher mehreren Theils kaum nothdürftig befriedigten Bedürfnisse mitbestimmten allgemeinen Klosterfonds zu nehmen hat, veranlaßt die Landessynode dabei, den Wunsch zu bezeugen: daß dem allgemeinen Klosterfonds die bisherige besondere, namentlich von der Staatsfinanzverwaltung getrennte Verwaltung, welche dem Character des Klostervermögens als eines geistlichen Guts entspricht, dem Fonds bei dessen im Jahre 1818 zur Sicherung seiner bestimmungsmäßigen Verwendung auf ewige Zeiten erweiterten Stiftung landesherrlich verliehen ist und erfahrungsmäßig vorzüglich sich bewährt hat, erhalten bleibe.

G. Die Landessynode spricht das Vertrauen und die Hoffnung aus, daß die Königliche Regierung den schon nach den bisherigen Verhältnissen nur sehr knapp bemessenen Etat des Landesconsistoriums, welches bei einer Erweiterung seines Geschäftskreises, und namentlich im Falle einer Erstreckung seiner Zuständigkeit auf die kirchlichen Vermögenssachen einer Verstärkung seiner Kräfte unumgänglich bedürfen wird, dem Bedürfniß entsprechend erweitern und so feststellen werde, daß der hannoverschen lutherischen Kirche auch nach dieser Seite der für ihre Selbständigkeit nothwendige Bestand einer unabhängig stehenden und dem Geschäftsumfange völlig gewachsenen, obersten Kirchenbehörde gesichert sei.

Zum Schluß fühlt sich die Landessynode noch gedrungen, zu bezeugen, wie es ihr, indem sie zunächst die Selbständigkeit und Unabhängigkeit des besonderen Kirchenkörpers der evangelisch-lutherischen Landeskirche Hannovers zu bewahren und zu vermehren sucht, fern liegt, Momente der Verbindung oder Gemeinsamkeit mit der reformirten Kirche Hannovers oder mit der lutherischen, reformirten oder unirten Kirche anderer Landestheile und Lande, so weit solche schon jetzt bestehen, läugnen oder schädigen zu wollen. Eben so fern auch liegt ihr die Absicht, weiterer Anknüpfung und Entwickelung von Beziehungen und Einrichtungen, durch welche die Gemeinschaft oder Verwandtschaft des Glaubens bethätigt und gepflegt wird, sich zu entziehen.

Als diejenige Aufgabe aber, vor welche sie sich nach ihrer bisherigen geschichtlichen Entwickelung von Gott unmittelbar gestellt sieht, erkennt sie die, welche sie mit ihren gegenwärtigen Bitten und Anliegen verfolgt. Hat die evangelisch-lutherische Kirche Hannovers mit deren Lösung eine sichere Stellung gewonnen, so kann und wird sie um so freier und freudiger den Glaubensgenossen und Glaubensverwandten ihre Hand reichen und vor allem nicht zaudern, so weit nöthig auch ihrer jetzigen Geschlossenheit bereitwillig zu entsagen, wenn es gilt, durch Zusammenschluß mit Schwesterkirchen evangelisch-lutherischen Glaubens das gemeinsame Wohl zu fördern.

Die Landessynode der evangelisch-lutherischen Kirche des vormaligen Königreichs Hannover.
von Wangenheim.

www.ingramcontent.com/pod-product-compliance
Lightning Source LLC
Chambersburg PA
CBHW031348160426
43196CB00007B/774